T0246935

BEST SELLER

Lydiette Carrión es editora en *Pie de Página*, ha colaborado en la sección de investigaciones especiales de *El Universal*, *Milenio Semanal*, *Milenio Diario*, *Día Siete*, *Replicante*, *Newsweek en Español* y *Cosecha Roja*, por citar algunos medios. Es coautora de "Un manual urgente para la cobertura de violencia contra las mujeres y feminicidios en México" (ONU Mujeres, 2019), así como de los libros *Rosario, una ciudad Anfibia* (Mansalva, 2019), *Los gobernadores* (Grijalbo, 2018), *Todas* (Libros, 2017), *A mí no me va a pasar* (2015), *Entre las cenizas* (2012), *Tú y yo coincidimos en la noche terrible* (2012) y *72 migrantes* (2011), entre otros. En 2019, ganó de forma colectiva el Premio Gabriel García Márquez, máximo galardón de periodismo en América Latina, por el proyecto Mujeres en la vitrina, que explora la trata internacional entre México y Venezuela. En 2012 obtuvo el primer lugar del Premio Género y Justicia que otorga la Suprema Corte de Justicia de la Nación, en la categoría de reportaje escrito. El reportaje "Las carreteras de la muerte", del cual es coautora, publicado en el micrositio #EnElCamino, obtuvo el primer lugar en la categoría de multimedia del concurso Premio Rostros de la Discriminación Gilberto Rincón Gallardo 2016. Durante seis años documentó historias de violencia de género, desapariciones y feminicidios para *El Universal Gráfico*. *La fosa de agua* es producto de esa investigación, gracias a la cual fue candidata al premio de derechos humanos Sergio Méndez Arceo en 2019.

LYDIETTE CARRIÓN

LA FOSA DE AGUA

Desapariciones y feminicidios en el Río de los Remedios

DEBOLS!LLO

El papel utilizado para la impresión de este libro ha sido fabricado a partir de madera
procedente de bosques y plantaciones gestionadas con los más altos estándares ambientales,
garantizando una explotación de los recursos sostenible con el medio ambiente y beneficiosa para las personas.

La fosa de agua
Desapariciones y feminicidios en el Río de los Remedios

Primera edición en Debolsillo: noviembre, 2023

penguinlibros.com

Diseño de portada: Penguin Random House / Jimena Estíbaliz
Ilustraciones de portada: © Jimena Estíbaliz

ISBN: 978-607-383-378-3

Impreso en México – *Printed in Mexico*

ÍNDICE

Prólogo 9
Notas de la autora 15

1 DESAPARECIDAS

Bianca 19
"Estoy bien" 31
La mala víctima 39
Mensajes cruzados 49
2011 55
Yenifer 65
Una pulsera y una playera 73
Vestida, con los pies descalzos 83
El presentimiento de Bianca 91
Diana Angélica 99

2 DESAPARECIDAS

Los pequeños sádicos 117
El Mili 125

Paco 131
El Piraña 137
El Mili, caído del cielo 147
Después del *Mili* 151
Andrea 151
Mariana Elizabeth 153

3
EL GRAN CANAL

Piecitos, bracitos, huesitos 163
Ser penalista en Ecatepec 166
"Te encontré" 175
"Dígale que está muerta" 185
Más negras noticias 199
Casos vecinos: Jardines de Morelos 207
Luz del Carmen 207
Luz María 216
"Usted disculpe, sí es su hija" 219
Despedir la Luz 224
La versión del *Mili* 227
El hoyo negro 239
Una llamada en la madrugada 243
"Muy buenas personas" 249
Con anillos y pulseras 261
Cuando Juan Carlos lloró 265

Mapas 269
Fuentes 277

PRÓLOGO

Niñas que dibujan estrellitas en sus cuadernos, muchachitas que postean sus *selfies* en Facebook, con sus uniformes de secundaria. Chavitas que sufren con los exámenes extraordinarios y pasan horas al teléfono con las amigas, entre risitas y cotilleos; que aprenden de sus madres los quehaceres domésticos porque en su mundo a las mujeres eso es lo que les toca; que no conocen otro transporte que el público, que empiezan a saber de novios y de escapadas, que transitan la ruda vía entre la niñez y la vida adulta en las calles planas y polvorientas de Tecámac, Chiconautla, Ecatepec.

Adolescentes que no deberían tener nada que ver con muestras genéticas y cotejos de ADN, fosas comunes, Ministerios Públicos, morgues, exhumaciones y autopsias; a quienes deberían examinarlas ginecólogos y no médicos forenses; chicas cuyos nombres no deberían estar nunca relacionados con los dragados en el río de los Remedios para rescatar restos humanos, con hallazgos de costales con pedazos de cuerpos humanos entre los montones de basura a un costado de las vías del tren.

Éste es apenas un rincón de la anomalía de México, un país roto, con más de 30 mil desaparecidos en su geografía. Un *close up* a un detalle del enorme mapa de la era de la criminalidad.

Lydiette Carrión, como joven reportera, cubría hace años casos relacionados con la desaparición forzada en México y empezaba ya a sentirse cómoda con la crónica, el género periodístico que permite explorar los mundos emocionales, los colores del paisaje y los matices del lenguaje con mayor libertad, además de contener la solidez del dato duro de la nota informativa. Y se topó con los feminicidios en el Estado de México. Reaccionó como lo hacen los periodistas de buena madera: se *clavó* en esas historias. Les dedicó su tiempo, su profesionalismo. Cubrió con perseverancia estas tragedias una tras otra, un drama parecido a muchos; el testimonio y las lágrimas de una madre o un padre repetidos como eco muchas veces más.

Fue su tema durante seis años. Llenó libreta tras libreta con datos, declaraciones, impresiones, nombres, pistas, contactos, números y detalles de averiguaciones previas. Leyó interminables expedientes judiciales, farragosos, confusos, y de ahí exprimió datos valiosos. Se internó muchas veces en los pasillos de los ministerios públicos, con ese olor característico a papel viejo, con el ir y venir de policías y burócratas que rara vez encuentran lo que deberían. Se familiarizó con el trazo de esos suburbios, urbanizaciones salvajes y callejones sórdidos. Cargó su memoria personal con escenas imborrables que representan esa violencia incomprensible: la destrucción en serie de jovencitas. Llenó su corazón con esos pesares. Hasta que la información acumulada y la urgencia de ampliar y profundizar estos relatos, para encontrarles sentido, rebasaron los límites de las páginas del diario, la revista, la nota o la crónica. Todo aquello que debía saberse y contarse se iba quedando en el tintero. Se rehusó a dejar esas historias en el silencio de su cajón.

Entonces se lanzó al camino que han recorrido muchos informadores de su generación, la aventura de un libro periodístico. En formato gran reportaje, Lydiette coloca las historias de las niñas desaparecidas y asesinadas, las voces de sus padres convertidos en incansables rastreadores de pistas y los pedazos deshilvanados y torpes de las investigaciones judiciales en un gran tapiz, con un trazo amplio que permite ver con perspectiva no sólo los árboles sino el bosque. Sólo así cobra forma la verdadera dimensión del feminicidio.

Lo que sale a la luz son las miserias de un aparato judicial plagado de policías que de día patrullan y de noche delinquen, de Ministerios Públicos que dormitan sobre los expedientes, de fiscales que siguen la máxima regla del menor esfuerzo y se detienen ahí donde creen que pueden "pisar callos", ya sea por conveniencia política o por complicidades inconfesables. Es el fracaso de las instituciones responsables de proteger a la población, a las niñas, a sus familias y de hacerles justicia.

¿Cómo se investigan los feminicidios en México? Aquí encontramos una aportación: de los casos que la autora investigó, en los expedientes judiciales se repiten vicios e irregularidades. Policías, investigadores y agentes del MP primero hacen recaer en las víctimas el peso de la sospecha. Luego buscan criminalizarlas, revictimizarlas.

Las averiguaciones previas avanzan entre errores, confusión, negligencia. Siempre son los padres los que llevan la delantera, quienes trasladan al escritorio del MP los indicios, las pruebas, los cabos sueltos de una madeja que las autoridades se resisten a desenredar.

Errores grotescos: falta de profesionalismo, torpezas inexplicables de peritos e investigadores: calculan mal la edad de un cuerpo de mujer, y entonces, de un escritorio a otro, de una oficina a otra, fallan las conexiones indispensables para identificarlas. Extravían pruebas y muestras genéticas. Liberan sospechosos sin agotar las líneas de investigación y omiten otras básicas, como el seguimiento a celulares y redes sociales de las jóvenes. Se traspapelan partes de un expediente... Así, si se encuentra algún cuerpo, sólo se sepulta como desconocido, registrado con datos incompletos. Pueden pasar meses, años de agonía para la familia antes de que se identifique a la víctima. Evitan llamar e interrogar a testigos que pueden conducirlos a la trama criminal que comete los asesinatos seriales.

En ocasiones es una pereza imperdonable la que hace fracasar una investigación, como el caso de Luz del Carmen —13 años, vida en la pobreza—. Su cuerpo fue encontrado en una bolsa, a orillas de las vías del tren. Le habían mutilado las piernas. No las buscaron "porque había mucha basura en el lugar". Hacer justicia era lo que estaba en juego.

Rita Laura Segato, la paradigmática antropóloga y feminista argentina, marcó una nueva pauta para entender la noción del feminicidio a partir de su exhaustivo trabajo en Ciudad Juárez, Chihuahua. Recuerda que de manera convencional estos crímenes se definían como crímenes de odio, por racismo u homofobia. Pero su conocimiento de los casos de mujeres víctimas de desaparición forzada en la frontera norte de México, marcadas por extrema violencia —sevicia— lleva a Segato a proponer ver el feminicidio como un crimen donde la víctima es apenas el desecho de un proceso de reafirmación de pertenencia de los victimarios, siempre hombres, a un grupo delincuencial; un patrón donde estos crímenes son el precio a pagar de los aspirantes o reclutas para ser admitidos y sellar un pacto de complicidad y silencio de una cofradía mafiosa.

Citada por Marta Llamas, también notable antropóloga y feminista mexicana, Segato llama a estos asesinatos "crímenes de corporación" o de "segundo Estado", definiendo por corporación "al grupo o red que administra los recursos, derechos y deberes propios de un Estado paralelo, establecido firmemente en la región. O sea, la mafia de los poderes fácticos, como los cárteles del narco".

Encuentro que en esta lectura de Segato los hallazgos y la narración de la periodista encajan perfectamente. Ése es el aporte de Lydiette. Y de las madres de las muchachitas a las que ella entrevista, que son quienes de verdad y a contracorriente de la burocracia de las fiscalías logran revelar la mecánica de operación de las bandas criminales y sus motivaciones.

Pero una vez presos los presuntos asesinos seriales, en la zona siguen desapareciendo niñas y jovencitas. Y vuelta a empezar, porque quienes deben procurar justicia no quieren pisar callos, no quieren atentar contra el pacto de silencio de esas "cofradías mafiosas" porque, al final de la historia, pueden encontrarse con algún vínculo oscuro entre ese poder fáctico y el otro, el político.

Hay que armarse de valor para leer *La fosa de agua*. La reportera prescinde de todo dramatismo para narrar lo inenarrable. Pero describe lo necesario. No elude los detalles del horror, las descripciones de los rostros juveniles destrozados, los restos en descomposición, las huellas de semen o huellas rastreables borradas con trapos empapados de algún abrasivo en la vagina y boca de las víctimas, o ese rasgo singular de una muchachita que tenía una dentadura con los colmillos encimados, que es lo que, meses después, le permite a su madre identificarla, con solo un cráneo rescatado del fondo del canal de desagüe.

Tiene sentido internarse en obscuridad de esas descripciones como lo hace la periodista porque sólo entrando al túnel se puede salir a la otra orilla. Sólo acompañando a Irish a lo largo de su pesadilla, de principio a fin, el lector también puede cerrar el duelo frente a una sepultura, donde podrá recordar la sonrisa con hoyuelos de su hija Bianca, la que dibujaba estrellitas en todos sus cuadernos y enviaba mensajes de celular multiplicando infantilmente las vocales.

BLANCHE PETRICH

NOTA DE LA AUTORA

Cuando el poeta Juan Gelman se refirió a la desaparición de su hijo y nuera a manos de la dictadura argentina, y a la posterior búsqueda de su nieta (los ejecutores de sus padres la dieron en adopción ilegal), decía con insistencia que para los atenienses el antónimo del olvido no era la memoria, sino la verdad. Se refería a una verdad simple, no retórica. En este caso la verdad sería quiénes son las desaparecidas, quiénes se las llevaron, qué les hicieron y dónde están.

1
DESAPARECIDAS

BIANCA

14 años

Los amigos son la familia elegida.

Cuando Bianca desapareció, el 8 de mayo de 2012, sus padres hicieron lo que suelen hacer todos los padres de jovencitas que se encuentran en la misma situación: buscar desesperadamente algún indicio en sus cuentas de correo y redes sociales, en particular en Facebook. Quizá llamó su atención una publicación de su hija poco más de dos meses atrás, el 29 de febrero.

Bianca Edith Barrón Cedillo *colgó* en su muro la fotografía de una prueba de embarazo positiva y preguntó:

> Que me dirias si te dijiera que estoy embarazadaa..??? Reecuueerdeen ees chooroo :)).[1]

Un chico rapado por los costados de la cabeza, con la melena alborotada llena de gel y enormes gafas oscuras, respondió:

> MUXAZ FELICIDADEZ!!!!

Un joven de sonrisa dolorosa y collares de santería al cuello sostuvo:

> PUZ SI FUERA MIO LOS MANTENDRIA

[1] A lo largo del libro se ha respetado la forma original en que fueron escritos los mensajes de texto, tanto SMS como en redes sociales.

en definithiva kon muxa trankilidad the diria esthas pen..... o k jujuy xoro amiwis solo the diria k kuentas kon yo para lo k kieras vale...[2]

Otro chico agregó una recomendación:

Asi q nnas quidnc...s mas facil q una mujer c quid q un hombre...[3]

Y así, amigas y amigos de Facebook hicieron de la idea de un embarazo a los 14 años una fiesta de risas, sugerencias y coqueteos, hasta que la siguiente tardeada un chico captó la atención de Bianca —una adolescente de 14 años de Los Héroes Tecámac, Estado de México, que cursaba tercero de secundaria—. Los siguientes días continuó subiendo música, recados, pero, en particular, fotos, muchas *selfies*: en el espejo del baño, torciendo la boca como *duckface*, arrugando los labios. Aunque con ello, sin saberlo, Bianca arruinaba su rasgo más bonito, más característico: precisamente su boca, en especial su labio superior, delgado y sinuoso. Sólo algunas imágenes, tomadas en momentos familiares, la capturan en actitud relajada y muestran la cara de Bianca tal como era, con ese fino labio que la distinguía, el rostro lleno, redondo, la mirada altiva y penetrante, vivaz. Pero, por lo general, en casi todas las imágenes que más apreciaba Bianca, las *selfies,* las fotos grupales con amigas y amigos, a quienes llamaba hermanos —se llamaban hermanos entre todos—, ella uniformaba sus gestos con los de los demás, en posturas y actitudes que los adultos calificamos de absurdas. Esa insistencia que durante la juventud muchos tuvimos de mimetizar nuestras expresiones y nuestra belleza.

[2] En definitiva, con mucha tranquilidad te diría: estás pen... o qué, ju juy; choro, amiguis, sólo te diría que cuentas conmigo para lo que quieras, ¿vale?
[3] Así que, nenas, cuídense. Es más fácil que una mujer se cuide que un hombre.

Los meses de marzo y abril de ese 2012 Bianca los pasó rompiendo y reconciliándose con su novio Eduardo, un chico de 17 años con quien llevaba un año de relación intermitente y que en los últimos tiempos oscilaba entre el drama y la euforia. Por aquellas fechas, Bianca escribió en su muro de Facebook:

> Sii ME AMAS..??Porquee pttm mee laastiimas ttantoo..????[4]

Desde febrero, Bianca le había asegurado a su mamá, Irish Elizabeth Cedillo, que habían terminado. Sí, Eduardo la había buscado de nuevo, pero ella ya no quería regresar con él, reiteró a su madre. A sus mejores amigas, en cambio, les dijo que el chico la había engañado. Pero, en una de las declaraciones ministeriales posteriores, Eduardo explicaría que en realidad rompieron por última vez el 6 de mayo, dos días antes de la ausencia. Incluso entonces él quiso restablecer la relación, pero ella le dijo que la ruptura era definitiva. Los motivos de Bianca no fueron los celos ni la infidelidad, sino otra explicación que emergería más adelante, en los procesos judiciales.

Dos días después, el martes 8 de mayo, a la hora de la comida, Bianca pidió permiso a su mamá para ir por la noche a la Macroplaza, a unos 15 minutos a pie desde su domicilio, para hablar con Eduardo.

—Que él venga aquí a la casa —contestó Irish.

Bianca argumentó que prefería verlo en otro lugar y que, dado que Irish trabajaba ahí en la Macroplaza, y su turno terminaba a las 10 de la noche, podría esperarla y regresarían juntas.

[4] Si me amas, ¿por qué puta madre me lastimas tanto?

—Pídele permiso a tu papá —atajó Irish antes de salir rumbo a su trabajo.

Como todas las tardes, Bianca pasó las horas después de la escuela en su casa, inmersa en Facebook y hablando por teléfono. Chateó con amigos y amigas. A una chica en particular, Neftalí, le aseguró que no regresaría con Lalo. Que estaba "solteriiiita". Sin embargo, a Aylin sí le dijo que esa noche lo vería, y después a Cristian, un amigo suyo de segundo de secundaria. A las ocho de la noche, como el papá no llegaba, le llamó por teléfono. Pero no mencionó al exnovio.

—Papá, ¿me das permiso de ir a la Macroplaza con Aylin y Vane? Voy a comprarle un regalo a mi mamá para el 10 de mayo.

El señor Miguel Ángel accedió. Bianca se cambió de ropa, se peinó y se arregló, y le dijo adiós a su hermanito —un pequeño de nueve años, de cara redonda— antes de cerrar la puerta tras de sí.

★ ★ ★

Se quedaron de ver frente a Coppel, una tienda de aparatos electrónicos, muebles y electrodomésticos localizada en la esquina de la Macroplaza, frente a la calle Bosques de Chapultepec, donde se halla el estacionamiento que a esas horas está vacío y sobre el cual altas luminarias desparraman una luz fría y fantasmal. Desde ahí se observan los baldíos que preceden la autopista México-Texcoco, el Circuito Exterior Mexiquense y el Río de los Remedios.

Eduardo llegó a las 8:30. Esperó alrededor de 15 o 20 minutos. En el lugar del encuentro no había nadie. Marcó al celular de Bianca, pero la llamada entró directamente al buzón. La esperó hasta las 9:30 de la noche, y cuando se convenció de que lo había plantado se fue.

A esa misma hora, desde una oficina administrativa en la Macroplaza, Irish llamó a su hija —a quien creía ahí mismo en el centro comercial— para ponerse de acuerdo y regresar juntas. Pero, como le ocurrió a Eduardo, la llamada entró al buzón. Intentó cinco o seis veces más, hasta que terminó su turno de trabajo. Cerró la oficina y dio una vuelta por la Macroplaza, que a esa hora ya se hallaba casi vacía. Eran las 10:15 de la noche. Su hija no estaba. Pensó que tal vez había regresado por su cuenta. Probablemente se molestó con ella por no avisarle, por traer apagado el celular, por el último año en el que las calificaciones bajaron y porque se había vuelto respondona, rebelde.

Quizá, mientras la buscaba, Irish trató de encontrar el momento en el que las cosas se habían torcido. No fue tres años atrás, cuando la familia (ella, su esposo Miguel Ángel y sus dos hijos, Bianca y el pequeño) se mudó a Los Héroes Tecámac, para habitar un hogar propio por primera vez en la vida, lo cual coincidió con la entrada de Bianca a la secundaria. No, no fue eso: no fue el hecho de dejar las habitaciones que ocupaban en casa de la abuela paterna. Pero ciertamente vivir en Los Héroes Tecámac sí fue una inflexión de vida.

En aquel entonces Miguel pidió su crédito de Infonavit. Buscaron algo que pudieran comprar y se decidieron por una casita en la sección Bosques de Los Héroes Tecámac, un fraccionamiento de casas de interés social relativamente reciente (en aquellos años), cuya construcción estuvo a cargo de Grupo Sadasi. Las diferentes secciones de Los Héroes se fueron construyendo a lo largo de la primera década de los años 2000, durante la gestión de Arturo Montiel. Las secciones I, II, III y IV fueron las primeras en erigirse sobre lo que eran terrenos ejidales de los pobladores de Santo Tomás Chiconautla (dicen los antiguos ejidatarios que vendieron sus tierras por una bicoca), a un costado de la autopista que va a las pirámides. Luego, las secciones V y VI cubrieron los terrenos que se extendían al norte de la carretera Los Reyes-Texcoco.[5]

Así, en muy pocos años, aquellas tierras salitrosas fueron transformadas en 2 millones 880 mil metros cuadrados de cemento. Allí se erigieron 18 mil viviendas de interés social, construidas con materiales veleidosos, muy reducidas, de unos 65 metros cuadrados cada una, y arquitectos que no vivirían jamás ahí trazaron múltiples avenidas análogas que se convierten en estrechas calles cerradas, idénticas también, que, pese a tener nombres como Bosques de México o Bosques de Polonia, lo que menos poseen son árboles. Los viejos ejidos y campos se transformaron en una ciudad dormitorio para mucha gente proveniente de los barrios bravos y viejos de la Ciudad de México (algunos hablan de muchos vecinos de la Guerrero, de Tepito, que huyeron buscando una casa propia, aunque fuera hasta allá), de Ciudad Neza, de Chalco, del interior de la República. Muchos extraños juntos, vecinos forzados: 18 mil familias compartiendo poco menos de 3 mil metros cuadrados.

Pese a todo, como muchas otras familias, los Barrón Cedillo por primera vez eran dueños de su propia casa; por primera vez tenían un patrimonio que heredar a sus hijos.

Ese primer año de secundaria Bianca fue inscrita en el turno vespertino de una escuela cercana al hogar familiar, pero que tenía

[5] Juan José Soto Cortés, "La conurbación y sus implicaciones socioambientales en Tecámac, Estado de México, 1980-2005", tesis para obtener el grado de maestría en ciencias en medio ambiente y desarrollo integrado, Instituto Politécnico Nacional.

"mal ambiente", según le habían comentado a Irish las vecinas. A esto se sumó que en ese turno muchos jóvenes eran niños más grandes que su hija. Otras mamás le recomendaron cambiarla a la Secundaria 214, ubicada en la calle Bosques de Brasil. Decían que era un ambiente más tranquilo. Así que para el segundo de secundaria Bianca ingresó al turno matutino de la 214. Pero a los pocos días de este cambio Bianca escribió en su muro de Facebook:

> En La 214 No Se Besa Se Caldea
> En La 214 No Tienes Amigos Tienes Hermanos
> En La 214 No Se Pelean Se Rompen La Madre
> En La 214 No Se Piden Favores Se Hacen Paros
> En La 214 No Se Molesta Se Friega
> Si eres de la 214 una de las secundarias mas fregonas de la zona pega esto en tu muro o pasalo a los fregones de esta secundaria.

★ ★ ★

Bianca definitivamente no se hallaba en la Macroplaza. Irish regresó a casa, pero ahí tampoco se encontraba su hija. Fue a esperarla a la esquina de la cerrada. Nunca llegó.

Bianca había desaparecido.

Esa noche, Irish y Miguel Ángel acudieron a casa de Ana, una de las mejores amigas de su hija, para preguntarle por Bianca, pero ella negó saber dónde estaba. Llamaron a Eduardo, quien explicó que Bianca nunca se presentó a la cita. Llamaron a sus amigas e incluso fueron a casa de algunas de ellas. A la medianoche la buscaron a pie en los terrenos baldíos, en los callejones.

Preguntaron en el módulo de vigilancia, a agentes a bordo de patrullas, en la estación de bomberos. A las cuatro de la mañana ya no quedaban lugares que recorrer. Regresaron a casa, se acostaron y no pegaron ojo hasta las seis, cuando se prepararon para salir de nuevo.

A las 6:30 de la mañana del 9 de mayo de 2012 Irish se apostó en el zaguán color ladrillo de la secundaria, con la esperanza de verla ahí o de que alguno de sus compañeros supiera algo. Pronto la amplia banqueta se atiborró de estudiantes con el suéter azul acero del uniforme. Entre ellos reconoció a una de las mejores amigas de su hija, Aylin, quien refirió que tampoco sabía dónde se hallaba Bianca; la niña, tras ser interrogada, entró a la escuela y, mientras caminaba rumbo a su salón, comenzó a llorar. Probablemente tuvo la certeza de que algo le había pasado a una de sus mejores amigas; quizá intuyó que si Bianca se hubiera ido por cuenta propia, le habría dicho, ya que se contaban todo. Cuando llegó a la clase, tenía la cara empapada de lágrimas y no podía calmarse. Ahí, Francisco, su novio, y quien no se detuvo al ver a Irish a la entrada de la escuela, se acercó para preguntarle lo que pasaba. Pero ella no pudo responderle. Se refugió en sus amigas. Conforme el salón se iba llenando de estudiantes, comenzó a correr un rumor que nadie supo de dónde vino: decían que Bianca estaba muerta.

Por la tarde, Irish y Miguel levantaron una denuncia en la agencia del Ministerio Público de Tecámac, sobre la calle Mexiquense,[6] ubicada justo a un lado de las bodegas Coppel, con vista a los baldíos del Río de los Remedios. Les preguntaron

[6] Calle Mexiquense, núm. 395, Los Héroes Tecámac, Ecatepec de Morelos, Estado de México.

qué ropa llevaba puesta Bianca la última vez que salió de casa. Ninguno de los dos sabía. El último en verla había sido su hermanito de 9 años y él sólo estaba seguro de que vestía un pantalón de mezclilla negro, pero no podía recordar qué playera traía. Irish rebuscó en el clóset para ver qué faltaba. ¿Una blusa blanca? Revisaron el Facebook de Bianca. La tarde del 8 de mayo había subido una *seflie* en la que vestía una playera blanca con franjas.

Los ministeriales abrieron la carpeta de investigación 31215 0360033012, en la que quedó consignada la siguiente información:

Nombre:	Bianca Edith Barrón Cedillo
Edad:	14 años
Señas particulares:	una cicatriz en el brazo izquierdo, de vacuna.
Ropa que vestía:	blusa blanca

Las autoridades levantaron la denuncia, pero desdeñaron el caso: "Uy, señora, déjela, a lo mejor luego regresa".

Ese contacto con el ministerio público fue la entrada al laberinto infernal de dependencias policiacas mexicanas. Las investigaciones de la policía se parecen mucho a los oscuros procesos descritos por Kafka. Es prácticamente imposible registrar el número de agentes, comandantes, oficinas, fiscalías, policías de a pie y de investigación, oficinas estatales y federales que la familia conocerá en los siguientes meses. Es una burocracia policial de la más alta ineficacia e inoperancia. Cada cierto tiempo los agentes a cargo serán rotados, o llegará una nueva administración que orillará a comenzar todo de nuevo. Pero en ese momento, los padres de Bianca no lo sabían.

Al salir de la agencia del Ministerio Público, repitieron la fórmula de la noche anterior: buscar por las calles hasta muy tarde. Después, exhaustos como nunca, regresaron a casa, durmieron poco y con sueños confusos. A la mañana siguiente, el 10 de mayo, Día de las Madres, Irish recibió un mensaje de texto desde el celular de Bianca:

Estoy bien.

"ESTOY BIEN"

Sólo fue un escueto "Estoy bien". Pero Bianca se comunicaba e Irish le respondió inmediatamente que por favor regresara a casa, que todos estaban preocupados.

> No puedo mama tengo un problema. Estoy embarazada. Ya me llevaron a abortar.

No importa, respondió la mamá. Sólo la quería de vuelta en casa, sana y salva. Quizá en ese momento la pregunta que Bianca había formulado y publicado en su muro de Facebook, dos meses atrás, ahora tenía sentido. Tal vez Bianca sí estaba embarazada.

> No puedo regresar mama porque esa fue la condición que me pusieron mis amigos para ayudarme.

Entonces comenzó un hilo de angustiosa comunicación, mensajes uno tras otro, desde el celular de su hija:

> El doctor me mando cuatro dias de reposo y llevo uno.

> No te puedo contestar porque esa fue la condicion solo puedo hablar contigo por msjes.

> Porque conoces bien a uno de ellos y no quiere que lo reconozcas.

Mama no dejes de contestar mis mensajes eres mi consuelo.

Me siento un poco todavía mareada es la anestecia.

Mis amigos estan escribiendo los mensajes.

Marcó al teléfono de Bianca. La llamada fue rechazada, pero recibió como respuesta lo siguiente: "Mama no contestes este mensaje porque nadie sabe que te lo mande. Daniel me apoyo en todo esto el me presento a los amigos que me llevaron a abortar si algo pasa Daniel sabe donde estoy".

"¿Qué Daniel?", se preguntó Irish.

En el Facebook entre los amigos había un tal Daniel sin fotografía, que ninguno de sus amigos conocía, que se la pasaba comentando las publicaciones de Bianca y la adulaba. ¿Sería ese Daniel?

En los siguientes días los mensajes responsabilizaron a Eduardo, el exnovio: "Mama el que me embarazo no me quiso responder y al contrario me humillo tu ya sabes quien es pero no le digas nada espera que yo se lo diga en su cara y enfrente de ustedes". También exigían que no le marcaran: "Mama dile a lalo que no me marque si no me cumplio como hombre que no me busque y el sabe perfectamente donde estoy".

En la escuela, entre los compañeros, se esparció la versión de que Bianca ya se había comunicado con sus padres, y que se fue porque estaba embarazada. Para los agentes a cargo de la investigación tales indicios seguramente llegaron de forma muy oportuna. Como en otros casos, ahora sí podrían decir a la familia lo que siempre repiten en situaciones semejantes: "¿Ya ve? Se fue por propio pie", "La niña de 14 sí estaba embarazada", "No se cuidó, no se dio a respetar". De igual modo como respondió uno de los amigos de Bianca, cuando ella publicó la frase "¿Qué me dirías si te dijera que estoy embarazada?" en su muro de Facebook: "Es más fácil que se cuide una mujer a que se cuide un hombre".

* * *

Eduardo también recibía mensajes. Él marcaba, insistía, le enviaba mensajes a Bianca. El 14 de mayo recibió un reproche: "Tu incomprensión me llevó a esto". Él marcó de inmediato. Pero no contestó Bianca, sino una voz masculina, hostil: "Eres putito", dijo aquella voz. Fue todo. Eduardo no se animó a llamar de nuevo. El 17 de mayo a su teléfono entró otro mensaje:

> Mira putito olvidate de Bianca ya es mía, vuelves a mandarle mensajes y te rompo tu madre, ya me conoces no le juegues al investigador privado.

Eduardo habló con la familia. Irish le pidió que siguiera en sus intentos de comunicarse con ella. Tal vez con él se animaría a hablar o a dejarse ver. Y Eduardo continuó llamando. Entonces le llegó otro mensaje de texto:

> Ya deja de marcar, por favor, te lo pido... Firma... gatito.

Pero, paradójicamente, Lalo seguía recibiendo llamadas desde aquel celular. Le marcaban y guardaban silencio. Él escuchaba ruidos de la calle... En realidad, muchas personas recibieron mensajes. El 14 de mayo, a la 1:49 de la tarde, en la pantalla del celular de Aylin se dibujó una sola frase:

> Que haces.

Aylin se quedó helada. En vez de esperanza o tranquilidad, esas palabras la erizaron. El mensaje que acababa de recibir, supuestamente de Bianca, era parco, austero, demasiado formal. Bianca escribía con faltas de ortografía deliberadas, repeticiones de letras, mayúsculas y minúsculas. A Aylin la llamaba "nena" o "nna", "nnita", "hermana"; siempre con expresiones afectuosas. ¿Cómo iba Bianca a ausentarse así y luego enviarle un mensaje como si nada? Aylin no respondió.

En cambio, los papás de Bianca sí contestaban los mensajes enviados desde el celular de su hija. Durante los días posteriores a su desaparición, el hilo de los mensajes narraba una infección tras el aborto y el reingreso a la clínica:

> Me siento mal.
> Me duele la cabeza el cuerpo todo.
> Me van a llevar en el carro de rafa.
> Me voy a escapar. Ya me dio miedo.
> Estoy en una cama con suero no se que me van a hacer.
> Me metieron a escondidas [al hospital] porque soy menor de edad.
> Vengan pronto porque los escuche decir que me van a llevar a san luis de la paz Guanajuato con una tia de fer.

La habían llevado a una clínica privada, la misma donde había abortado días atrás. Estaba cerca de La Villa, en la Ciudad de México.

> Veo un copel y la basílica.

Miguel Ángel pidió ayuda a la policía de la Ciudad de México. Agentes antisecuestros *peinaron* las zonas aledañas a La Villa. Muchas descripciones coincidían con lo narrado desde el celular de Bianca, pero no encontraban la clínica. Finalmente hallaron una. Los policías ingresaron y catearon el inmueble. Bianca no estaba ni había estado ahí.

Pasaron un par de días. La comunicación se interrumpió por un tiempo, hasta que llegó un nuevo mensaje. Quien lo escribió decía ser uno de los amigos de Bianca:

> El lunes o martes esta con ustedes perdón pero no queremos ir a la cárcel por ayudar a una amiga.

> Dice el doctor que fue una recaída pero esta bien. La da de alta mañana a las 12 del día.

El tipo a cargo del celular de Bianca mientras ella estuvo inconsciente dijo llamarse Beto; aseguró que el responsable de todo era un tal Fernando, Fer, quien se quería llevar a Bianca a Guanajuato. Escribió: "Mire si fer se la lleva a otro lado yo me safo de esta bronca y mañana le marco de otro numero y le digo todo no quiero problemas".

Pero poco después Bianca volvió a firmar una serie de mensajes:

> Mama ya estoy bien dicen que me van a llevar el martes.

> Les dio miedo porque le dijiste a beto que ya habias hecho una denuncia.

> Me siento bien estoy bien mama me tratan bien me cuidan ya.

Conforme pasaban los días vinieron las negociaciones para el regreso a casa:

Mama prometieron no decirme nada si me pegan o me hacen algo me voy otra ves de la casa y no me vuelven a ver.

Tampoco quiero que le hagan algo a mis amigos ellos me ayudaron cuando mas lo necesite.

Mama tu nunca me comprendiste.

Si yo te hubiera dicho que estaba embarazada me matas.

Comprende la decisión de mis amigos si me sigues presionando me voy a vivir con uno de ellos.

En una ocasión, Irish se reunió con varios amigos de Bianca. Hablaron sobre los mensajes. Nadie conocía a ningún Fer, ni a Beto. Sobre el tal Daniel que Bianca mencionaba, había alguien con ese nombre entre sus amigos de redes sociales. Pero la duda comenzó a extenderse: los mensajes eran demasiado sobrios. ¿De verdad era Bianca quien los escribía? Muchos pensaban que no. Esa misma tarde llegó una nueva andanada de mensajes:

Te juro que si le hacen algo a mis amigos no me vuelves a ver.

Gracias mama pero ya no es cosa de mis amigos es decisión mia regresar hasta que yo quiera.

Yo confie en ti y me fallaste. Atte. Gattiittaa.

Y perdón por no escribir como todos saben que escribo.

La familia acordó no compartir ni un dato más con los amigos, mientras investigaba por su cuenta con la ayuda de investigadores privados —y luego por medio de la policía— la ubicación del celular. Pero ni la policía ni la familia pudieron establecer cabalmente dónde se hallaba; el rastreo localizó únicamente las antenas de recepción, que cambiaban continuamente, así que el aparato podía encontrarse en cualquier lugar de la colonia o barrio donde estaban ubicadas, casi siempre en Los Héroes. La persona que utilizaba el celular sabía lo que hacía; por eso sólo enviaba mensajes de texto y no activaba el GPS del aparato.

A finales de mayo los mensajes anunciaban que Bianca no regresaría a casa, que se quedaría a vivir con Fernando, de quien se había enamorado.

LA MALA VÍCTIMA

Durante junio, compañeros y conocidos de Bianca, adolescentes de entre 14 y 16 años la mayoría, desfilaron ante el Ministerio Público de Tecámac para ser entrevistados sobre el caso, siempre en compañía de un padre o tutor. Aylin, una de sus mejores amigas, asistió el 27 de junio de 2012:[1]

> Conozco a Edith Barrón desde aproximadamente hace dos años, ya que vamos al mismo salón. Al día siguiente de su desaparición, su madre me vio antes de entrar a la escuela y me preguntó si sabía dónde estaba Bianca. Le dije que no la había visto; entonces me preguntó si sabía con quién se iba a ver cuando desapareció. Le dije que con un muchacho, Eduardo, quien era su novio, y con un muchacho de nombre Christopher, quien es su amigo.

La representación social de la Federación hizo preguntas específicas:

—¿A qué lugares salían comúnmente?

—Al bazar que está en la México y a casa de una amiga que se llama Vanessa.

—¿Sabe si tiene alguna relación de noviazgo con alguien?

[1] Las declaraciones son tomadas del expediente. En su mayoría se respeta la forma en que los testigos se expresaron. Sin embargo, se ha modificado su redacción y puntuación en aras de la claridad, y se han omitido partes que redundan para facilitar la lectura.

—Sólo sé que dejó de andar con Eduardo y que se iban a ver para solucionar sus problemas —contestó Aylin.

—¿En algún momento manifestó intenciones de irse de su casa?

—Nunca me comentó nada así.

Otras amigas dieron versiones parecidas en el Ministerio Público de Tecámac. Una chica de nombre Neftalí aseguró que el único novio que le conocía a Bianca era Eduardo, pero que ya habían terminado. Justo habían platicado de eso por teléfono el mismo martes que desapareció.

El 17 de junio su amiga Ana dijo, también ante el Ministerio Público, que conoció a Bianca porque iban a la misma escuela en segundo de secundaria "y sólo estuve con ella en segundo año, porque para tercero me cambié de escuela. Y la última vez que la vi fue un domingo antes de que desapareciera ya que yo fui a su casa a visitarla". La última vez que habló con ella fue el lunes antes de que desapareciera, y lo hizo por medio del chat del Facebook. La noche que desapareció, la madre de Bianca Edith la buscó en su domicilio... Luego narró que se quedó de ver con las otras amigas de Bianca para pegar carteles saliendo de la escuela y que el único novio que le conoció era Eduardo.

—¿Cómo era la relación con su mamá? —preguntó el agente ministerial.

—Siempre estaba con su mamá y nunca vi que se pelearan.

El 23 de junio, también en el Ministerio Público de Los Héroes Tecámac, otra niña, Vanessa, rindió su declaración. Dijo que conocía a Bianca desde dos años atrás y que eran amigas, que la última vez que la vio fue el lunes 7 de mayo, en clases, pero sólo un par de horas, porque ella, Vanessa, se sintió mal, llamó a sus papás y se retiró a casa. Alrededor de las tres de la tarde de ese día Bianca la llamó por teléfono para preguntarle cómo seguía. Vane le respondió que no iría al día siguiente a la escuela porque seguía enferma. Se despidieron y quedaron de verse el miércoles 9 de mayo, lo que ya no ocurrió.

En los pasillos de la agencia del Ministerio Público de Tecámac se encontraban los amigos de Bianca y algunos testigos, quienes platicaban mientras se encontraban a la espera de declarar. Uno de ellos era Francisco o Paco, novio de Aylin y compañero de Bianca. Paco, quien solía decir que iba a estudiar derecho cuando fuera a la universidad, dijo, bromeando: "Yo quería llegar aquí como abogado, no como acusado". Y luego dio un testimonio muy distinto a los que dieron otros testigos.[2]

Francisco aseguró que Bianca no sólo salía con Eduardo, sino también con Christoper, de 14 años, estudiante de segundo año en la misma escuela de Bianca. Era a Christoper, y no a Eduardo, a quien ella vería la noche que desapareció. Y siguió declarando: ellos no eran los únicos romances de Bianca. Relató que dos meses atrás, en marzo, Paco se la encontró en la calle, y Bianca le pidió que lo acompañara "a ver a su novio". Fueron a Aurrerá en la Plaza Mexiquense. Ahí, un joven de unos 19 años, de alrededor de 1.90 de estatura, de tez blanca y con los labios pintados de rojo, la esperaba. Aquella vez, dijo, trató de ser amistoso:

—Soy Paco —dijo Francisco, y le tendió la mano. El de los labios pintados no la estrechó ni respondió el saludo.

También dijo a los ministeriales que la relación de Bianca con sus padres no era buena. Narró que una vez que estaba jugando con ella a "pellizcarse y agarrarse las pompis" él le agarró una pierna y ella se quejó de dolor. Él se detuvo y le preguntó qué pasaba. Bianca se puso seria, se alzó la falda y le mostró los muslos

[2] Declaración fechada el 20 de junio de 2012.

atravesados por marcas de cables. Su padre la azotaba con cables y le dejaba esas cicatrices. Por eso pronto se escaparía de su casa, le confió su amiga. Incluso ya se lo había advertido a su mamá, pero ésta no le había creído.

Luego, ante la Fiscalía Especializada en Trata de Personas, Francisco declararía:

> Desde que Bianca se extravió, se decía en la escuela que estaba muerta. Todos lo decían. Bianca era muy desmadrosa, se salía de clases y a veces no entregaba los trabajos, les contestaba a los maestros…
>
> Yo sabía que tenía un novio de 2-E, que es Cristopher, y al mismo tiempo andaba con Eduardo. Yo salí con ella dos veces junto con mis amigos Irving, Vanessa y Aylin, por lo regular íbamos a casa de Vanessa a ver películas y comer palomitas. Lo que sé es que Bianca se drogaba con activo y vendía en las fiestas monas con solventes de sabores, ella era quien las preparaba y las vendía en las fiestas que organizaban en el fraccionamiento.

Paco describió a Bianca también como una pandillera:

> Bianca se juntaba con varias bandas: la que se llamaba FU, Familia Unida. A ésta pertenece *el Piwi* o *el Chango*, a quien agarraron por robo. Desconozco en qué reclusorio está, sólo me dijeron que lo habían agarrado y éste era quien movía a los rateros de la zona.[3] El líder de esta banda es *el Diablo*, quien vive en la colonia Guadalupana y no sé su nombre. Es de piel apiñonada, mide aproximadamente un 1.90, de menos de 35 años. Tiene tatuajes en la cara, en la frente dos cuernos, su brazo derecho también está lleno de tin-

[3] Es decir, Los Héroes, la Guadalupana y colonias aledañas.

ta.[4] Por lo general viste con traje y camisa de vestir, y a veces va al Urban Gym a estacionar su hummer. Yo sé que *el Diablo* se tiraba a Bianca, es decir, tenían relaciones sexuales. Me dijo Bianca que incluso iba por ella a la escuela. Yo traté de prevenirla, le dije que no sabía con quién se metía pero a ella le valía madres, además, por lo general iba a la escuela drogada ya que tomaba LSD, con unas como laminitas de Listerine. También consumía gallo, que es una bachita; hiter, que es una pipa de madera o metal donde ponía mariguana; o juca, que es una pipa de vidrio. Y esto lo hacía en todos lados, en la escuela, en los baños y afuera, en las canchas de futbol rápido, ya que se saltaban la barda de la escuela y se iban a las canchas.

Otra de las bandas con las que se juntaba Bianca eran Los Goga. La semana en la que Bianca se perdió había sido su aniversario, y *desde el día lunes estuvimos tomando y el día miércoles se perdió Bianca.*[5] Sus líderes son *el Rayo* y *el Conejo. El Rayo* tiene su ceja en forma de rayo, su cabello en picos como farruco o reguetonero, no tiene tatuajes, se viste con pantalones entubados, tenis jordan tipo reguetonero, gorra y anda monéandose. *El Conejo* tampoco tiene tatuajes, viste como reguetonero y tiene alrededor de 25 años. Otro miembro de la banda es *el Pollo*, quien invitaba a salir a Bianca, pero en buen plan. Es güero, de ojos claros (verde con amarillo porque usa pupilentes). También está Daniel, quien se llevaba seguido a Bianca a tener relaciones sexuales.

Finalmente, Bianca también se llevaba con los Panamiur, que se reúnen por el metro Impulsora [cerca del Río de los Remedios, a una media hora de distancia de donde desapareció Bianca], a cuyo líder apodan *el Little*...

[4] Es decir, tatuado.

[5] Las cursivas son de la autora.

Irish leía las declaraciones.

Francisco y Bianca eran muy cercanos; confidentes. De hecho, cuando Bianca llegó a la nueva escuela en segundo de secundaria, Paco fue de sus primeros amigos. Luego, en agosto de 2011, Esteban Javier, un amigo de Paco y excompañero de clases, fue asesinado en un asalto. En ese entonces Paco quedó destrozado y todas las tardes buscaba a Bianca. Por eso Irish lo conocía bien. Llegaba a la casa, Bianca salía y se quedaban sentados en alguna banqueta de la cerrada platicando. Bianca consolaba a Paco. Fue una escena que Irish vio a menudo. Luego supo que Paco la había buscado de forma romántica, pero ella le rehuía en ese plano. Ya en tercero (el grado que cursaban cuando Bianca desapareció), Francisco se hizo novio de Aylin, una de las mejores amigas de Bianca; pero Paco no dejaba de cortejar a Bianca, y ella más lo rechazaba, ¿cómo iba a aceptarlo, si era novio de una de sus mejores amigas?

Si bien Miguel nunca golpeó a Bianca —y menos con cables— y ella jamás amenazó con huir, los pensamientos de Irish probablemente titubearon ante las declaraciones de Paco. Finalmente eran confidentes, se dijo. Quizá Bianca sí quería escapar de casa, quizá su hija sí era la persona que él describía, aunque la madre no la reconociera y mucho menos la imaginara haciendo todo lo que Paco decía. ¿Quién era Bianca? La hija que ella conocía, sí, tenía problemas, era impulsiva, pero también muy dulce. Madre e hija pasaban mucho tiempo juntas, se platicaban tantas cosas; su hija además adoraba a su hermanito y a sus primas pequeñas; dibujaba estrellas en los cuadernos. Bianca le platicaba de Lalo; ella estaba enamorada, pero la pasaba mal por ello. Sabía que le gustaba mucho tener amigos y daba todo por ellos; de hecho eso a veces generaba contrariedades. Era también una niña que había sufrido con los problemas familiares, a quien le tocaba un peso fuerte en la familia.

Conforme pasó el tiempo, Francisco generaría más sospechas. En una ocasión preguntó a Irish para qué buscaban a Bianca si de seguro ya estaba muerta. En ese momento ella tuvo la certeza de que Paco al menos sabía lo que había ocurrido con su hija. Pidió al Ministerio Público que lo investigaran, pero Vianey, la madre del muchacho, siempre llegaba y se quedaba un largo rato platicando con los agentes. La mujer se sentía a sus anchas, pues ella misma era expolicía y conocía a casi todos. Irish protestó por ello, por esa familiaridad. "No se preocupe —le decían—, nada de eso importa ni afecta las investigaciones." Pero a Paco no lo investigaron.

Además, para las autoridades, la línea de investigación estaba clara: Bianca se había ausentado por propia voluntad porque estaba embarazada.

* * *

Debido a las declaraciones de Paco y a los mensajes que llegaban sobre embarazo y aborto, entre varios conocidos se extendió la idea de que, lo que fuera que hubiera ocurrido, Bianca se lo había buscado. Para muchos, entre ellos los ministeriales, no valía la pena buscar a Bianca. No parecía ser *una buena víctima.*

Aunque es real que cuando una persona desaparece es necesario buscar pistas en el entorno cercano, los judiciales mexicanos han desarrollado la facultad de hacer sentir culpables a los familiares de las víctimas; de hacerles sentir miedo al denunciar. Para la policía, pareciera que su labor no implica indagar en probables indicios o pistas, sino desalentar que de hecho se realice una investigación.

Probablemente los padres de Bianca sufrieron lo que la inmensa mayoría de las familias padece en una situación similar: comenzaron a sentir vergüenza y a dudar; a pensar que esto era culpa de ellos mismos; que la desaparición de su hija era su problema, y de nadie más. Y lo más doloroso: ver a extraños con malicia indagar en la vida privada de sus hijas. En alguna declaración ante el Ministerio Público, Irish admitió que sí, que había problemas familiares (pero, ¿qué familia no los tiene?), que su hija sí había bajado de calificaciones, que sí discutían, que a veces se deprimía, que sí era "respondona"...

⋆ ⋆ ⋆

En algún momento, y de forma burocrática, los policías indagaron al *Diablo* mencionado por Paco. Efectivamente existía, era un hombre de unos 30 años que vivía en la Guadalupana (una colonia cercana a Los Héroes Tecámac) que conducía una hummer amarilla, la cual solía estacionar frente al Urban Gym, en la sexta sección de Los Héroes Tecámac, a unos pasos de un parque que podría ser considerado el "corazón" de la sexta. Ése es el parque donde hasta la fecha se juntan los jóvenes a jugar futbol, a cotorrear, a pasear a los perros. *El Diablo* era conocido común de las pandillitas de chavos y de la delincuencia local. Decían que se dedicaba a la extorsión y al robo. Algunos policías lo investigaron, y sí, obtuvieron información: se habló de que ciertos grupos de la zona estaban realizando ritos de palo mayombe o satanismo, y él estaría vinculado una de las líneas de investigación fue por ahí. Desaparecidas para realizar ritos. Luego resultó que desde Toluca, la capital mexiquense, un grupo especial investigaba al Diablo y su banda.[6]

[6] Información recabada en abril de 2023.

Aparentemente tenían vínculos con la Familia Michoacana. Algunos de ellos incluso fueron detenidos en 2011 por el hallazgo de una fosa clandestina —policías hablaron de al menos 20 cuerpos— en la colonia El Salado, rumbo a Chiconautla. Desde Toluca sí se investigó, pero poco y a medias…

"No queremos destapar una coladera por la que nos podamos caer", dijo un policía una vez, al preguntarle sobre las desapariciones entretejidas al Gran Canal…

Desde 2010 Ecatepec, Texcoco y Tecámac habían pasado a ser territorio de control de la Familia Michoacana. La consigna entre autoridades era no pisar demasiados callos, pues los cárteles llegaban con cierto grado de protección (por parte de qué autoridad, o a qué nivel, no hay registro, pero varios policías coinciden en ello).[7] Y los delincuentes de la zona se adaptaron pronto. Muchos de los jovencitos de las pandillas, los raterillos del barrio, pasaron a ser de pronto halcones o sicarios, a trabajar directamente bajo las órdenes de la Familia. Así que investigar una desaparición que, como daban a entender los mensajes que llegaban, podía estar vinculada con el crimen organizado de la zona, con el palo mayombe, con el narco… pues los policías lo pensaban…

⋆ ⋆ ⋆

Por su parte, Irish leía una y otra vez los mensajes que llegaban. "Es que esto no parece que lo escribió mi hija", pensaba. Sus palabras, las expresiones. A veces coincidían, pero a veces no. Sobre todo la forma de escribir, ¿dónde estaban las letras repetidas, las

[7] Un dato recurrente en las entrevistas anónimas a varios agentes de la policía. De cualquier forma, el tema de la Familia Michoacana en la zona ha sido narrado por varios periodistas.

faltas de ortografía deliberadas, esa forma infantil y desbordada de su hija?

Un día que se encontraba con su cuñada Lupita, Irish le pidió que leyera los mensajes, que ya se acumulaban en el aparato, y le preguntó:

—¿Es mi hija?

Lupita se echó a llorar. Y verbalizó lo que todos sentían:

—No. No es Bianca.

Pero en otra ocasión, platicando con personal de la entonces Procuraduría Social de Atención a las Víctimas de Delitos (Províctima), Irish expuso sus dudas. Un funcionario le reviró:

—Señora, si ya hubieran matado a su hija, lo primero que harían los asesinos es tirar el teléfono. Pero si lo están usando, es porque debe estar viva. No sé en qué condiciones. Pero puede que esté viva.

MENSAJES CRUZADOS

Para inicios de junio de 2012 el caso ya había sido tomado por la Fiscalía de Trata de Personas de la procuraduría mexiquense. Pero como todo familiar de desaparecidos sabe, de los padres depende hacer las investigaciones y empujar el caso. Así que Irish dejó su trabajo y tres veces por semana se trasladaba a Toluca para realizar trámites y hablar con funcionarios y policías. En esas ocasiones dejaba a su hijo en casa de la abuela (en la misma donde había crecido Bianca) durante todo el día. Estaba de vuelta en Ecatepec a la una o dos de la madrugada, recogía al niño dormido y lo llevaba así a Los Héroes Tecámac. Llegaban a casa alrededor de las dos y media o tres.

A mediados de junio Irish ya estaba en profunda depresión. Cuando no tenía que ir a Toluca, se quedaba en su cama, durmiendo. Podía pasar así horas, días enteros. Miguel veía a su esposa apagarse, desconectada de la realidad mediante el sueño, y cada hora de vigilia buscando alguna pista, intentando infructuosamente desenmarañar la madeja o encontrar algún detalle que le revelara lo que pasó, para luego volver a dormir con un sueño que no daba descanso.

Miguel le propuso que se mudaran de nuevo con la abuela. Ella les ayudaría con el niño mientras hallaban a Bianca, e Irish no estaría tanto tiempo sola. Pero su esposa no quería dejar la casa en Tecámac.

—¿Qué tal si un día regresa y no encuentra a nadie?

Hacia finales de junio los mensajes que recibían del celular de Bianca cambiaron, se tornaron más oscuros. Bianca dijo que Fernando la golpeaba. Aseguró que un amigo de él, llamado Julio y apodado *el Moreno*, se dedicaba a secuestrar y prostituir niñas. Anunciaba que otra vez estaba embarazada y que la obligarían a abortar de nuevo.

Luego llegó el mensaje que los decidió a huir de Los Héroes Tecámac:

> Mamá, estaba preocupada por mi hermanito. Pero ya lo fui a ver el otro día en la escuela y sé que está bien.

Irish se aterrorizó. Si su hija estaba en una red de trata, podrían llevarse también al niño. Los padres hablaron con el director de la primaria y las maestras. Le dijeron al pequeño:

—No puedes irte con nadie que no sea tu mamá o tu papá. ¿Entiendes? Ni siquiera con tu hermana.

Antes de dejar la casa de Tecámac, mientras empacaba, Irish repasó la ropa de Bianca. ¿Cuál faltaba? ¿Una blusa blanca? Una y otra vez miró las prendas. Nada más que una blusa blanca. Estaba casi segura, pero no completamente. Como que algo estaba fuera de su lugar. Perdidizo. Miró los zapatos. Tomó los cuadernos de su hija y los hojeó por enésima vez. Quería encontrar un nombre, un teléfono, las contraseñas de Facebook. Sabía que Bianca pasaba mucho tiempo chateando con amigos. Quizá entre los mensajes privados podía haber algún indicio. No encontró nada. Revolvió todas sus cosas. ¿De verdad Bianca se drogaba con mariguana, LSD y *monas* de PVC? No halló ninguna sustancia ilegal. Rebuscó el posible dinero de la venta de inhalantes en las fiestas. Nada. Al final empacó las cosas de su hija.

Después habló con las vecinas. Les suplicó que si regresaba su hija, no dejaran que se fuera.

—Llámenme inmediatamente y reténganla. Yo vendré enseguida.

Las vecinas así lo prometieron. Se abrazaron. Pocas personas sabían a dónde se mudaba la familia Barrón Cedillo.

* * *

A finales de junio los mensajes hablaban sobre golpizas, violaciones; acerca de querer escapar, buscar la oportunidad para hacerlo. Irish transfería saldo al celular de su hija, de 20, 30 pesos cada vez, para que los llamara en cuanto lograra escapar. Pero el mensaje sobre la ansiada libertad nunca llegó. El 3 de julio Irish recibió la última comunicación firmada por su hija.

Unos días más tarde los mensajes de texto comenzaron otra vez, ahora por parte de una joven que se identificó como Laura, amiga de Bianca y novia de Julio, *el Moreno*, el amigo de Fernando que se dedicaba a secuestrar y prostituir jovencitas. La supuesta amiga dijo que había terminado con *el Moreno*, ya que éste había violado a Bianca en complicidad con Fernando.

Laura dio nombres, direcciones, autos y placas. *El Moreno* manejaba un Mustang rojo y una camioneta Ford Lobo negra. Proporcionó incluso las placas. Para mediados de julio dijo que Fernando y Julio se habían llevado a Bianca y que no sabía a dónde. También indicaba otros autos, por ejemplo, un Ikon gris, un Corsa también gris. La familia exigió a la Procuraduría General de la República (PGR) que los investigara. La PGR los descartó; pero la familia investigó por su cuenta: se trataba de autos con reporte de robo.

El 17 de julio Laura volvió a comunicarse. Preguntó si habían localizado a Bianca. Luego agregó que en la casa de seguridad donde la tenían también había estado otra muchacha, A.[1] Escribió:

> No pudimos ayudarla. Julio la secuestró en Santa María Chiconautla, se la llevan a trabajar a un bar, sus papás también la están buscando.
>
> Yo se que por todo esto me van a matar pero ojala los agarre para que pagen todo el mal que han hecho, el dia que ya no conteste los mensajes es porque ya voy a estar muerta.

El 18 de julio, por la noche, otra vez:

> Se llevaron a Bianca en la camioneta negra Harley. Viven en Río Yeltes, en Urbi Villa II. Dos veces nos llevaron a cotorrear y tomar ahí.

Pasó más de media hora. Luego entraron mensajes extraños. Aparentemente uno de los secuestradores usaba el teléfono. Como si la línea se hubiera cruzado o el secuestrador se equivocara de número:

> Julio esta pinche vieja ya nos delató. Llévate a Edith[2] a Cuernavaca y mátala, yo me encargo aquí de esta pinche vieja, que mandó mensaje no sé a quién. Mátala, le das su carne a los perros, pero ya, pendejo.

"Mátala, le das su carne a los perros." Ése fue el último mensaje desde el número de Bianca. Así terminaron dos meses y ocho

[1] Se omite el nombre, a petición de los familiares.

[2] Es decir, Bianca Edith.

días de mensajes y llamadas. Durante todo este tiempo las autoridades no lograron más que ubicar las torres de señal que utilizaba el aparato. Este indicio tampoco se persiguió.[3]

Los padres de Bianca investigaron las placas, las direcciones. Así encontraron a un tal Julio César López que tenía una refaccionaria en Loma Bonita, municipio de Tecámac, a una media hora del lugar donde Bianca desapareció. Efectivamente tenía un Mustang rojo y una Lobo negra. Para agosto, la PGR cateó la refaccionaria y cinco domicilios más ubicados en la colonia Urbi Villa del Campo, a la altura del kilómetro 29 de la carretera federal a Pachuca. Detuvieron a Julio, *el Moreno*, un hombre profusamente tatuado. En los cateos, la policía dijo no hallar nada. Julio negó conocer a Bianca. La esposa de Julio también; aseguró que ni ella ni su pareja conocían a Bianca. Tras aquellos interrogatorios, la policía lo liberó: concluyó que por medio de los mensajes alguien había tratado de desviar la investigación contra el joven tatuado del convertible rojo. Pero no se investigó más; quién era Julio César, cuáles eran sus posibles enemigos.

La familia ardió de indignación.

★ ★ ★

Agosto pasaba. La lluvia generaba el caos de siempre en la Ciudad de México y el área conurbada. El Río de los Remedios crecía y con ello el olor del canal, que inundaba las áreas cercanas.

[3] En una ocasión, platicando con un policía adscrito a casos similares en la zona, explicaba que por medio de una sola llamada se puede ubicar la localización exacta de un aparato telefónico. En la investigación sobre la desaparición de Bianca jamás se realizó, a pesar de que desde ese teléfono se hicieron llamadas a diversos números durante dos meses. ¿La localización exacta hubiera podido resolver el caso? No es posible saberlo, pero fue un indicio que no se agotó.

Aquel agosto (Irish no recuerda con exactitud la fecha), un hombre tocó a la puerta. Irish se asomó por la ventana. El hombre espetó:

—Busco a los papás de la niña desaparecida.

Ella temió que se tratara de alguna de las personas que se habían llevado a Bianca. El hombre sacó una placa de policía federal y trató de explicarse:

—Soy policía, vengo por el caso de otra chica, S.[4]

Irish recordó los mensajes que hacían referencia a una chica llamada así, cautiva junto a su hija. Eso le dio aún más desconfianza. Habían dejado la casa en Tecámac para protegerse, para esconderse de las personas que podían tener a su hija. El policía dijo que venía de la Fiscalía Especial para los Delitos de Violencia contra las Mujeres y Trata de Personas (Fevimtra), de la PGR; afirmó que a la madre de S la extorsionaban desde un número desconocido. La PGR obtuvo la sábana de llamadas del número desde donde los extorsionaban y los agentes se percataron de que desde éste también mandaban muchos mensajes a otro celular (el de Irish), que se encontraba a nombre de Miguel Barrón, con la dirección de la abuela de Bianca.

—Queremos saber si a usted también la extorsionan —cuestionó el policía.

—Es que a mí no me extorsionan —respondió Irish.

—¿Entonces?

Irish no sabía qué hacer. ¿Y si decir que el número desde donde extorsionaban era el de su hija la ponía en riesgo o impedía que se reanudara la comunicación con ella? Antes de cerrar la ventana dijo:

[4] Se omite el nombre a petición de la familia.

—¿Sabe qué?, yo no puedo darle más información.

Dos días después, se presentó una mujer de tez blanca, con una delgadez de angustia. Llevaba una manta con el rostro de una jovencita; otra niña de la edad de Bianca. Atrás de la mujer estaban dos policías; uno de ellos era el oficial que los había visitado antes.

Irish salió a la puerta. La mujer sacó de un sobre el acta de nacimiento de su hija, quien estaba desaparecida desde mayo de 2011, cuando tenía 15 años. Después le pidió, "de madre a madre", que la escuchara.

—Mire, por favor. No desconfíe. Busco a mi hija. Pero es que a mí me están extorsionando. Yo quiero ver si a usted también la extorsionan.

Irish no se atrevió a hacerla pasar, pero le dijo lo que ocurría:

—¿Sabe qué?, ese número desde donde a usted la llamaron es el teléfono de mi hija.

★ ★ ★

2011

Mamá, una camioneta blanca se estaciona justo afuera de mi ventana, y creo que alguien mira para acá.

La ventana de la habitación de la muchacha de 15 años daba a una calle solitaria que rodea la barda del fraccionamiento Real del Cid. En aquella calle no había nada: ni entradas al fraccionamiento, ni tiendas. Nada. No había a qué estacionarse. Muy pocas personas caminaban por ahí. Por eso que un vehículo se detuviera en la acera opuesta, por un rato largo, daba miedo.

Esto fue poco antes de que la niña desapareciera. Una tarde de mayo salió a un café internet en Santa María Chiconautla, a

10 minutos caminando, para hacer una tarea de la prepa. Sí llegó al café y se retiró de ahí, pero no volvió a casa.

Sus familiares, como en muchos otros casos, recorrieron toda la noche por las calles y las colonias aledañas a Ojo de Agua. Regresaron al fraccionamiento a las 6:00 de la mañana. Entonces, el vigilante de la entrada les comentó que la hija ya había vuelto. Según su versión, llegó "medio dormida", alrededor de las 3:20 de la madrugada. Iba a bordo de un pointer negro sin placas, conducido por un hombre joven. El velador solicitó una identificación al desconocido, y anotó los datos. Después, el pointer salió del lugar, pero no se veía a la niña. El vigilante había pensado que la había dejado en su casa, ella seguía desaparecida.

La familia intentó levantar un acta en el ministerio público de Tecámac. Las autoridades respondieron lo usual: debían esperar 72 horas, seguro estaba con el novio, etcétera. El pointer no fue investigado, excepto por la familia. Pero el velador fue golpeado días después, por lo que se retractó de su dicho.

Se acercó entonces un policía estatal, de nombre José Ramón, quien no estaba adscrito al caso, pero aseguró que "quería ayudar". Decía que él conocía al dueño del pointer, quien resultó también policía: "muy buena persona". No había por qué desconfiar... Alrededor de un mes después de la desaparición de la muchacha, un familiar fue bajado a punta de pistola de su camioneta, justo afuera del fraccionamiento donde vivían. El auto fue hallado, no por la denuncia que interpuso la familia, sino porque fue utilizada en un asalto a un módulo de la policía municipal de Ecatepec. En este asalto, un expolicía municipal al que apodaban *el Sharpei* comandó a una decena de individuos más, que se llevaron una veintena de armas cortas y largas[5]. Según dicen, éstas fueron usadas

[5] Información recabada en 2022.

por una célula de guardias ilegales de un político mafioso local. Si el robo de la camioneta contra la familia fue una mala casualidad o no, no es posible saberlo. Pero no fue el único atentado contra la familia, que finalmente huyó de la zona.

En junio de 2012, más de un año después de que la muchacha desapareciera, su madre recibió un mensaje de texto:

¿Es usted su mamá?, urge, sé dónde está.

Y luego la usual extorsión: pedían dinero para revelar dónde estaba. Los mensajes hacían referencia a un bar de Tultitlán, a un tal Oso, a viajes a Cuernavaca, pero también daban una pista de su verosimilitud: hacían referencia a la credencial de la escuela de la muchacha, la cual llevaba la noche en la que desapareció. Al igual que con Bianca, muchos detalles, mucho sufrimiento para los padres, para los seres queridos de la niña.

...Así estaban cuando un agente de Fevimtra, de la PGR,[6] investigó el número desde donde extorsionaban. Desde ahí mismo, enviaban comunicaciones a otro celular, el de Irish, madre de Bianca Edith Barrón Cedillo.

* * *

De todo esto se informó a la Fevimtra. Ahí las autoridades hicieron un solo expediente de las dos desapariciones. En la fiscalía de desaparecidos de la Procuraduría General de Justicia también unificaron los expedientes, pero las investigaciones siguieron separadas. Y al poco tiempo se estancaron de nuevo.

Llegó el 14 de septiembre de 2012. El cumpleaños de Bianca. Cuatro meses desaparecida. Quince años, la edad señalada por la sociedad mexicana como la frontera entre la niñez y una madurez

[6] Es decir, una instancia federal.

sexual precipitada por los usos y costumbres. Muchas niñas, sobre todo en ambientes rurales, se casarán o se juntarán poco después de cumplir los 15 años. Es el cumpleaños del último juguete, la misa y, después, el ritual de cambio de calzado: la recién estrenada joven deja a un lado los zapatos de niña y enfunda sus pies en zapatillas de tacón. Es la fiesta más memorable para muchas, incluso más que la boda. El muro de Facebook de Bianca se llenó de felicitaciones y tarjetas rosas. Los amigos y familiares renovaron las súplicas para que volviera. Insistían: no la olvidaban, ni las amigas, ni las personas que la conocían; pero los indicios se apagaban. Se terminaba el año y el caso no avanzaba. No hubo más mensajes de texto ni líneas de investigación nuevas, y las que había estaban detenidas. Llegó diciembre, la primera Navidad sin la hija. Luego vinieron enero de 2013 y la cuesta económica. Por aquellos tiempos desapareció otra muchacha, muy cerca de donde desapareció Bianca.

Por la tarde del 9 de enero, Vanessa[7] salió a visitar a su mejor amiga, quien tenía poco tiempo de haber dado a luz. Caminó un trayecto de unos 15 minutos sobre boulevard Jardines (a dos cuadras del ministerio público de Tecámac), cargando únicamente una bolsa y su celular. Llegó con su amiga y con quien sería pronto su pequeño ahijado. Las amigas bañaron al bebé, y pasaron unas horas juntas, quizá hablaron del futuro: de que serían hermanas espirituales, comadres, y de lo duro que era cuidar a un bebé. O quizá sólo escucharon música, a Vanessa le gustaba el rock urbano. Antes de las nueve de la noche, la joven agarró su bolsa y se

[7] Entrevista realizada a la madre de Vanessa en 2019. Se estuvo en contacto con la familia hasta mediados de 2023. Durante todo este tiempo las autoridades pidieron a su madre no dar información a la prensa. Finalmente, su ella murió a finales de 2022, y el hermano de Vanessa accedió a dar a conocer el caso, que hasta la fecha sigue sin mayores avances.

despidió porque ya era tarde. Le dijo a su amiga que se iba de vuelta a casa y salió a la calle.

Pero Vanessa no llegó a su casa. De nuevo, como en todas las historias, la familia la buscó por todos lados aquella noche, y la mañana del día siguiente, hasta que al caer la tarde del día 10 de enero, interpuso una denuncia en el ministerio público de San Agustín. Como en todas las historias, los ministeriales dijeron que de seguro se había ido con el novio.

La madre, María del Carmen, preguntó entre los vecinos, los conocidos. Ahí, uno de ellos, un joven de 23 años a quien llamaban *Ochoa*, dijo que vio a otro muchacho llevársela en una camioneta negra. Éste, a su vez, dijo que no era verdad, y que Vanessa era una "mala muchacha", una *mala víctima*. Pasaron los días, y las declaraciones de Ochoa fueron descartadas por falsas. ¿Por qué declarar en falso en un caso de desaparición? Los ministeriales no lo investigaron y el caso quedó ahí, arrumbado entre papeles del ministerio público... María del Carmen no supo qué hacer, le pasó lo que a muchas familias de quienes sabemos poco: si las autoridades no hacen caso, ¿a quién acudir?, ¿cómo hacer contacto con otras familias?

El 7 de febrero de 2013 a las 3:02 de la tarde, Irish recibió un nuevo mensaje de texto. Esta vez, desde un número desconocido:

> Conteste soy amiga de su hija.

Irish no tenía saldo y en aquel momento viajaba en el metro. Se bajó en la estación Ríos de los Remedios. Hasta las 3:15, pudo responder:

> Sí, dime, en qué te puedo ayudar.

No hubo réplica. A las 3:18 Irish intentó de nuevo:

Contéstame porfas, le fui a poner saldo a mi cel.

A las 3:30:

Contéstame, porfas.

Y a las nueve de la noche:

Hola.

Jamás respondieron.

A los pocos días Irish reportó el teléfono en la PGR y en la procuraduría mexiquense. Las autoridades le recomendaron no marcar ni enviar más mensajes al celular desconocido; dijeron que la policía lo investigaría. Y aunque Irish tenía muchas ganas de llamar, siguió la sugerencia y se contuvo. Las respuestas necesarias vendrían un mes más tarde, a mediados de marzo, pero no a través de la PGR.

⋆ ⋆ ⋆

En la zona, esa frontera difusa entre Ecatepec y Tecámac, se encendían las alertas de plagios de jovencitas y niños cuando ocurrió el intento de linchamiento. El miércoles 13 de marzo de 2013 Axel Cisneros, de 25 años, deambulaba a las afueras de la primaria Sor Juana Inés de la Cruz, en el pueblo de Santa María Chiconautla. Los vecinos lo encontraron sospechoso, y aunque a estas alturas no es posible saber si era verdad o un rumor, lo acusaron de querer llevarse a una niña. Así que se corrió la voz de que Axel estaba ahí para robar niñas y jovencitas. Antes de la una de la tarde las campanas de la iglesia convocaban a la gente, que fue llegando. De pronto había entre 1 000 y 1 800 personas en la calle. Algunas notas periodísticas consignaron a un segundo sospechoso, quien supuestamente alcanzó a huir. A Axel, en cambio, sí lo detuvieron y lo arrastraron hasta la plaza del pueblo.

De ello quedan videos grabados por los mismos participantes. En ellos se ve cómo, durante el trayecto, Axel pierde los zapatos, la chamarra y la playera, que queda hecha jirones. Varias personas, hombres en su mayoría, lo golpean y jalonean a cada paso. El cuerpo de Axel parece un fiambre que la jauría se disputa. El hombre es azotado una y otra vez entre el piso y el cerco humano. Está descalzo, con el torso desnudo y la cara llena de sangre. Desde la multitud le avientan piedras, los más cercanos lo patean, entre cinco, seis. En un momento queda tendido sobre la calle, casi muerto. Una mujer levanta un machete. Unos gritan "¡Dale!", otros dicen "¡No!". La turba se llevó a Axel Cisneros a la delegación del pueblo y lo encerró en la oficina del presidente del Consejo de Participación Ciudadana. Ahí, medio muerto, fue entrevistado por los reporteros.[8]

Dijo que vivía con sus papás en San Vicente Chicoloapan, que había estado en anexos para recuperarse de su adicción a las drogas y que trabajaba transportando gente a los Estados Unidos. "Estaba chambeando, viendo qué es lo que podemos hacer, transportando gente, las que están denunciando", declaró en estado medio inconsciente a la prensa.

Mientras Axel era interrogado y golpeado, otros vecinos se dirigieron a la carretera federal México-Pachuca. Aunque alguna

[8] Antonio Nieto, "Mátenlo, mátenlo como a cucaracha", *Reforma*, 14 de marzo de 2013.

vez fue efectivamente una carretera, en este punto en realidad se ha convertido en una avenida que cruza un área totalmente poblada; es estrecha, lenta y tiene semáforos en cada esquina; la corta verticalmente una línea del Mexibús, el sistema de transporte que fue objetivo de la turba. Los vecinos invadieron los carriles, rompieron vidrios y quemaron varias estaciones. Primero la de Las Torres, donde un mes atrás había desaparecido una jovencita de 17 años cuando regresaba a casa; luego las estaciones Benito Juárez y Cuauhtémoc Norte. Entonces llegaron 800 granaderos para dispersarlos. Eran ya las cuatro de la tarde.

En la delegación, los pobladores permitieron el ingreso de dos paramédicos, quienes constataron que el retenido había perdido mucha sangre y tenía una herida de cuatro centímetros en la cabeza. Pero a la salida de los paramédicos el interrogatorio continuó. Los vecinos, embozados, le mostraron fotografías de niñas desaparecidas. Axel dijo reconocer a dos. A las cuatro y media de la tarde la gente afuera gritaba que lo quemaran. Axel fue sacado de nuevo a la plaza. La golpiza se reanudó. Fue entonces cuando llegó la fuerza pública. Un millar de policías lo rescató.

Ahora las autoridades lo interrogaron de nueva cuenta. Cinco bares en los municipios de Texcoco y Ecatepec fueron cateados aquel mes. Pulquerías y locales para vender alcohol. En uno de éstos, en un cuarto trasero, fue hallada una adolescente de 15 años que tenía reporte de desaparición desde el 10 de marzo. Pero la niña dijo que se había ido de casa por problemas familiares y que nadie la retenía contra su voluntad.

Al día siguiente, el 14 de marzo, la gente volvió a cerrar la carretera federal México-Pachuca. Los vecinos se enfrentaron con los uniformados y arrojaron una bomba molotov a una patrulla. Los pobladores hablaban de una decena de jovencitas desaparecidas en la zona. Como resultado, autoridades y vecinos acordaron hacer una asamblea vecinal para el domingo 16 de marzo, en el auditorio del pueblo de Santa María Chiconautla.

Mientras tanto, la procuraduría estatal emitió su propia versión: no tenía información sobre 10 desaparecidas, sino sólo de tres, de entre 15 y 17 años, unas con reporte levantado el 8 y el 26 de febrero de 2013, y otra más, la primera, con reporte del 5 de diciembre de 2012.

Éste era el caso de Yenifer Velásquez Navarro, de 16 años, quien fue vista por última vez el 4 de diciembre de 2012.

YENIFER

En la iglesia a la que asiste Teresa, los viernes están designados para rogar a Dios la resolución de un problema específico. Eran alrededor de las 11 de la mañana del viernes 15 de febrero de 2013 y Teresa estaba en la capilla rezando por el regreso de su hija Yenifer cuando entró una llamada al celular. Contestó, pero la llamada se cortó. Salió al pasillo, donde la recepción era mejor. El teléfono timbró otra vez.

—¿Bueno?

—¿Ya quieres ver a tu niña? Ya vamos de regreso —dijo un hombre al que ella calculó, por el grosor de la voz, entre 30 y 40 años.

El corazón de Teresa se alegró. A lo mejor ahí estaba el milagro por el que rezaba.

—Te la voy a regresar, porque la verdad no me sirvió.

Teresa pasó de largo el comentario. La voz continuó:

—Es más, aquí tengo su Biblia.

El detalle de la Biblia: jamás se había hecho público que Yeni llevara una. Pero la voz, lo que decía... Teresa quizá pensó: al parecer su hija sí se había ido con alguien, como sugirió maliciosamente la policía en su momento. Pero ya no importaba. Yeni estaba bien. Era lo único que quería saber.

—Eso qué. Si ya vienen de regreso, pues qué importa la Biblia.

—Ah, ¿no me crees?

El tono del hombre cambió. Se volvió amenazante.

—No quiero ver policías ni judiciales. Y quiero para mi pasaje de regreso.

Pero el monto que exigió excedía con mucho un boleto de autobús, y no era fácil de conseguir para una familia trabajadora de Ojo de Agua, en el Estado de México. Quien hablaba no era un novio secreto de Yeni, sino un secuestrador o extorsionador. Su hija no se había ausentado voluntariamente.

—En tres horas te hablo. Ahí platícalo y yo en tres horas te marco.

Y colgó.

La desaparición de Yenifer Velásquez Navarro había ocurrido dos meses atrás, el 4 de diciembre de 2012. Yeni, que entonces tenía 16 años, podría ser descrita como una muchacha bajita, de 1.50 de estatura, tez clara, cabellera castaña ondulada, larga y pesada, sonriente, de formas suaves. Pasaba la mayor parte del tiempo en casa, ayudando a guisar, a cuidar a los hermanos chicos. Le gustaba cocinar, sobre todo postres y pasteles; incluso hablaba de tomar algún curso o estudiar gastronomía. También iba a un seminario de estudios sobre la Biblia en la iglesia mormona de Jesucristo de los Santos de los Últimos Días. Su religiosidad había sido alentada en un principio por Teresa, su mamá, idea que no gozaba de mucho entusiasmo por parte del papá, quien se asume católico. Pero la nueva fe le había gustado a Yeni. Llevaba casi un año asistiendo de forma regular; incluso su maestra de seminario acababa de regalarle una Biblia nuevecita. El resto de su tiempo lo dedicaba a algunas amigas, a un novio al que veía muy poco y a escondidas, y a acompañar a la mamá a todos lados. De hecho, el día anterior a la desaparición había pasado toda la tarde acompañándola en mandados. Sólo por eso no había ido a su seminario religioso.

Así pasaban los días de Yeni. Ese martes se levantó entre siete y siete y media, vistió al hermano más pequeño, el de seis, en lo que

Teresa, de pie desde horas antes, llevaba al hermano de en medio a la secundaria. Cuando regresó a casa, Yeni le preguntó qué quería comer.

—Pues un caldo de res, ¿no?, porque hace frío —respondió Teresa.

—Ay, no, guácala.

—Bueno, pues ahí le preguntas a tu papá, que es más payaso para la comida.

Teresa probablemente se despidió y salió otra vez para llevar al más pequeño a la primaria, y de ahí se fue a alguna de las casas en las que trabajaba como empleada doméstica.

Yeni no preguntó al papá qué quería comer. Cuando lo vio, a eso de las dos de la tarde (y cuando los hermanos se encontraban ya en casa), le pidió dinero para comprar un pollo rostizado. Su padre le dejó el dinero y salió de nuevo para seguir trabajando.

Teresa llegó a casa poco antes de las cuatro de la tarde. Había sido una jornada extenuante y estaba agotada. Vio el pollo rostizado sobre la mesa. Sólo estaban los dos hijos varones: el de secundaria y el más pequeño. Le dijeron que Yeni había salido al seminario.

Entonces Teresa se acostó en la cama por un momento. Después se sentó a la mesa, más cansada que hambrienta. Ya no quería salir de nuevo, pero había encargado unas botas rojas por catálogo, y si no pagaba la cuota de la semana no llegarían a tiempo para estrenarlas durante las fiestas. Debía ir a casa de una pariente política, muy cerca de la iglesia a la que asistían y donde supuestamente se encontraba Yeni. Se llevó al niño más chico y, aunque siempre caminaban el trayecto (a unos cuantos minutos de casa), por cansancio hicieron la excepción de tomar el camión.

Teresa le pidió a su hijo que se fijara si veía a Yeni en la calle, pero no se cruzaron con ella en el camino. Se bajaron frente a la iglesia; pasarían primero por Yeni antes de ir a casa de la pariente. Pero sólo había dos personas en la capilla, quienes le explicaron que el seminario se había suspendido ese martes. Como Yeni había faltado el día anterior, no lo supo.

"Debió irse a casa de alguna amiga", pensó Teresa. Madre e hijo fueron a lo de las botas. Luego regresaron a casa, pasadas las seis, a pie. "Ahorita que llegue me las paga, porque de seguro me va a decir que estuvo en la capilla y yo sé que no fue así", pensaba Teresa mientras caminaban. Pero en casa no estaba Yeni.

Teresa caminó de vuelta a la iglesia. Nada. Fue a casa de la amiga más cercana de Yeni. A las siete de la noche la familia llamó a los conocidos, al novio. Los hermanos dijeron que ella se fue únicamente con la Biblia nueva, ésa que le había regalado su maestra, y un cuadernillo bajo el brazo. Un vecino dijo haberla visto en la glorieta del boulevard Ojo de Agua, caminando, con su Biblia, rumbo a la iglesia. No llevaba celular: se había roto unos días antes. Por la noche los padres denunciaron la desaparición en el Ministerio Público de Tecámac.

⋆ ⋆ ⋆

—De qué se preocupan, va a regresar pronto —el agente que atendió a los padres de Yeni en el Ministerio Público agregó, con una sonrisita—: ¡Hasta con premio!

A Teresa se le revolvió el estómago. Yeni, cristiana, muy apegada a la madre, una niña muy cuidada por la familia, sólo salía a la iglesia y con permisos contados. La madre respondió, con voz queda y los dientes apretados:

—Pues cada quien conoce a sus hijos.

Al día siguiente la familia regresó a la agencia. Cuando revisaron la carpeta de informes del agente a cargo, el caso de Yenifer no estaba. El responsable aseguró que ya lo había archivado. Pero los padres dejaron otra fotografía; temían (y acertaron) que el caso no hubiera sido registrado.

Pasaron la Navidad y el Año Nuevo. La familia pegó fotocopias con la fotografía de Yeni por las calles de Ojo de Agua y alrededores: el pelo largo, claro y quebrado, un flequillo alaciado, sonrisa mesurada. "¿La has visto?" El número de teléfono de celular de Teresa y una cuenta de correo electrónico.

Pero nadie se comunicó.

Fue hasta aquel viernes cuando Teresa rezaba en su iglesia que volvió a tener alguna información sobre el paradero de su hija y pedía por el regreso de Yeni, cuando un hombre llamó y dijo que la tenía, pidió dinero para entregarla y advirtió que llamaría de nuevo en tres horas. Pero a pesar de lo que le había dicho el hombre al teléfono, ya no marcó de nuevo aquel día, sino hasta el siguiente, el sábado 16. Teresa le pidió tiempo para juntar la suma.

—Te doy hasta el martes.

—Quiero escucharla, quiero saber que de verdad tienes a mi niña.

—Te la comunico el martes, para que me des mi dinero. Si no tienes el dinero, igual te la paso para que te despidas de ella y te avise a dónde vas a recoger el cuerpo.

La familia esperó el martes la llamada, pero el hombre jamás volvió a comunicarse. Entonces no supieron qué hacer. Pasaron los meses: febrero, marzo. Hasta que en Ojo de Agua y Chiconautla (muy cerca de su propia casa) corrió el rumor de que había una banda que secuestraba muchachas. Fue cuando la turba casi linchó al joven de nombre Axel que, después de haber sido golpeado y arrastrado, aseguró que sí se había llevado a unas niñas. Fue hasta entonces que los papás de Yeni hicieron público su caso, y pidieron ayuda. Así fue como, un día antes de que se celebrara una reunión entre los pobladores de Santa María Chiconautla y las autoridades, la policía llamó personalmente a los familiares de víctimas con reporte de extravío. Catafixiaron una reunión pública por una privada. Los familiares de desaparecidas de la zona fueron citados a una reunión con la fiscal de Combate a la Trata del Estado de México, Guillermina Cabrera. Ahí llegaron, entre otros familiares de jovencitas, los padres de Bianca, los de S. (desaparecida desde 2011) y de A., una niña de 15 años secuestrada a punta de pistola en Santa María Chiconautla el 26 de febrero de 2013. También los familiares de L.,[1] desaparecida el 5 de febrero de 2013 a unos metros de la estación del Mexibús Las Torres. Ahí supieron que el hombre que llamó a la mamá de Yeni (diciembre de 2012) y le exigió un monto para recuperar a su hija llamó del celular de L. Y desde ese mismo celular, el 7 de febrero, Irish recibió un mensaje:

> Conteste, soy amiga de su hija.

Desde el 7 de febrero los padres de L. habían recibido andanadas de mensajes, una calca de los que Irish recibió del teléfono de Bianca entre mayo y julio de 2012:

> Perdón porque les fallé pero es que no sé si me perdones porque estoy embarazada.

[1] El contacto con los padres de L. sólo tuvo lugar al inicio del caso.

Y luego, igual que con Bianca, la hija desaparecida ya no habla; en su lugar lo hace una supuesta amiga, según novia de un mafioso, esta vez de la colonia Guadalupana.

Así que había factores en común: en cuatro desapariciones de muchachas menores de 18 años, ocurridas entre 2011 hasta 2013, todas las familias habían sido llamadas desde dos números. Y los familiares recibieron mensajes similares: promesas de regresar, descripción explícita de violaciones y explotación sexual, amenazas de muerte. Al menos en tres casos, los mensajes inculpaban a hombres que sí existían y residían o trabajaban en la zona: todos vinculados a refaccionarias o con algún lazo con la delincuencia local. En los mensajes se señalaban lugares específicos. Se citaba a las familias en Oxxos y luego nadie se presentaba.[2]

Sobre Axel Cisneros, éste fue liberado el 20 de marzo, ya que nadie se presentó como testigo, ni nadie levantó denuncia alguna en su contra. Probablemente la gente que participó en los hechos temió ser encarcelada por el intento de linchamiento. Al final, Axel se desdijo de los secuestros y declaró que únicamente estaba robando celulares. Que jamás pensó en llevarse a una niña.

Años más tarde se constataría que en una de las carpetas de investigación de las desapariciones se aseguró que Axel Cisneros era un drogadicto que no tenía nada que ver con los secuestros de jovencitas y que los bares referidos no existían... Pero en otra

[2] Meses más tarde, las familias se percatarían de que un hombre que se presentó como investigador en el caso y se acercaba cada cierto tiempo a conocer el estado de la investigación en realidad no estaba asignado al caso. Pero de nuevo, esta persona, aunque usurpó funciones, no fue detenido ni procesado ni investigado. Pero sí declaró somerante y llevó a otros investigadores a una posible casa de seguridad en Santa María Chiconautla. Ahí fue hallada ropa de mujer. Esta información proviene de fuentes confiables de la Fiscalía en Toluca, la información fue recabada en 2019.

carpeta se consignaría lo que la prensa publicó en el momento: que sí había bares, pero que se encontraban cerrados y que sólo hallaron a una niña de 15 años que había huido de casa.[3]

Axel fue puesto en libertad a los pocos días. Jamás fue *molestado* de nuevo. Terminaba marzo de 2013.

[3] Esta información fue obtenida mediante un testigo confiable, cuya identidad se guarda por seguridad. Dato obtenido a finales de 2017.

UNA PULSERA Y UNA PLAYERA

No llegó de golpe, sino en oleadas. La noticia se anunció tímidamente a través de diferentes mensajeros, uno distinto cada tercer día.[1] El primero llegó el lunes de la segunda semana de abril de 2013. Apenas unas semanas antes, la procuraduría estatal había incluido el caso de Bianca en el sistema de recompensas, pero todavía no se habían mandado imprimir los cartelones cuando el comandante Trejo, que en aquel momento llevaba el caso, telefoneó a Irish y, de la nada, le hizo una serie de preguntas:

—¿Su hija usa pulseritas? ¿Cómo era el pantalón que llevaba cuando desapareció? —cuestionó, y refiriéndose a la oficina central de la procuraduría del Estado de México, prosiguió—: ¿Le han llamado de Toluca?

Dos días después, el miércoles a mediodía, se comunicó el segundo mensajero. Irish hacía el quehacer de la casa. Sonó el teléfono: esta vez era María Elena Solís, fundadora de la Asociación Mexicana de Niños Robados y Desaparecidos, A. C. (AMNRDAC).

Al principio los padres de Bianca acudieron a la AMNRDAC. Como tiene varios años trabajando, para muchos familiares es la primera opción en el momento en que un hijo desaparece. Sin embargo, después de los primeros encuentros Irish y Miguel no se sintieron cómodos, así que decidieron no regresar, y la asociación también dejó de llamarlos por largo tiempo. De ahí que Irish se

[1] Narrado por Irish Cedillo en entrevista en 2014.

extrañara cuando escuchó del otro lado de la línea la voz cascada y afable de Elena, Elenita, como todos la nombran, sus amigos y enemigos:

—¿Qué has sabido de tu hija?

—Nada. ¿Ustedes?

—Necesitamos que vengas. Creemos saber dónde está.

Después de colgar y avisar inmediatamente a su esposo, Irish encargó a su hijo con su suegra y salió. Recorrió las casi dos horas de camino que la separaban de la AMNRDAC, cuyas oficinas se localizan al sur de la Ciudad de México, a un costado de la Alberca Olímpica, en el segundo piso de un edificio de departamentos que, a juzgar por su estilo, pareciera haber sido construido en los años sesenta del siglo pasado. Llegó y la hicieron esperar un rato en los silloncitos de plástico negro de la entrada. Finalmente, la anciana —pequeña, arrugada— la recibió y la saludó con una pregunta:

—¿Cómo estás?

Caminaron los pocos pasos que las separaban de la sala de juntas. A su costado izquierdo, pegados en la pared, podían observarse permanentemente decenas y decenas de carteles de niños y niñas, de muchas jovencitas y muchachos, de mujeres, jóvenes y viejos. Caras que observaban mudas el paso del tiempo: algunas recientes, otras de tiempo atrás. Los casos que han llegado a la asociación y no se han resuelto.

Irish y Elenita entraron y se sentaron solas en una esquina de la enorme mesa rectangular que abarcaba casi toda la habitación.

—¿Tú qué piensas, que tu hija está viva o que ya no?

—Confío en que mi hija está viva.

Elenita hizo un gesto de lástima.

"Me quedé helada", recuerda Irish. Pero insistió:

—Mi hija está viva.

—¿Qué ropa llevaba tu hija ese día?

—Pantalón y zapatos negros, blusa… A ciencia cierta no sé, porque yo no la vi ya. El que la vio fue mi hijo chico.

Elenita entonces soltó un discurso sobre el Servicio Médico Forense (Semefo), en el que argumentó que las morgues proporcionaban información inmediata a la asociación, de tal forma que ellos tenían acceso a las fotografías de los cuerpos que llegaban diariamente. En algún momento entró una psicóloga a la sala. Elenita continuó hablando, pero Irish ya no puso atención; sólo escuchaba los sonidos de las palabras, mas no las hilaba entre sí. Hasta que la anciana remató:

—Te voy a enseñar unas fotografías.

De un fólder sacó una sola impresión: el dorso de una mano que cuelga relajada de una cama de metal: la plancha de una morgue. La fotografía no abarca la yema de los dedos, no se enfoca en la mano entera, sino más bien en la muñeca, donde descansa una pulserita de cuentas amarillas y verdes y una imagen de San Judas Tadeo, patrono de las causas imposibles y, de unas décadas para acá, el santo más popular entre los sectores populares de México. Para muchos, San Juditas es el santo de los desposeídos, de los ladrones y, paradójicamente —o no tanto—, de los policías.

—¿La reconoces? —preguntó Elenita.

—Pues es que mi hija sí tenía una pulsera así, pero no sé si la llevaba.

—Te voy a enseñar una blusa.

De nuevo un acercamiento sobre la imagen. Sólo se alcanza a ver un poco de la piel del hombro y el pecho. El encuadre no se concentra en el cuerpo, sino en la playera que viste: sin mangas, de cuello redondo, con el dibujo de estrellitas plateadas, algunas ya un tanto descarapeladas, y al centro, un gato dibujado en tinta negra y la leyenda "Baby…" que no se alcanza a leer por completo. El encuadre de la fotografía no lo permite.

—Es que sí se parece a una que tenía mi hija, pero hay miles así…

Irish no recuerda exactamente en qué orden sucedieron las cosas después, ni cómo concluyó la conversación. Lo siguiente que supo es que pasó a otra habitación, una más pequeña y oscura, con una cortina que cubría a medias unas literas. Quedó a solas con la psicóloga. Ahí lloró largo rato. Entonces expresó:

—Pues una pulsera como ésa hay miles, y una blusa como ésa hay miles, pero sí es mucha coincidencia que una persona traiga las dos, ¿no?

Después regresó con Elenita.

—¿Por qué tiene usted estas fotos? Dígame, ¿qué fue lo que pasó? ¿Es mi hija o no es?

—Todavía no estamos seguros, a lo mejor te van a hablar pronto de la procuraduría. Pero todavía falta hacer otras pruebas.

—Pero, entonces, si faltan pruebas, ¿por qué me enseñan esto?

Permaneció un poco más con la psicóloga y con Elenita, hasta que su marido llegó. Irish aprovechó la interrupción para ir al sanitario, un espacio iluminado y fresco, de alguna forma ajeno a lo que ocurría. A lo mejor se echó agua al rostro y se miró en el espejo. Estuvo ahí un largo rato. Respiró profundamente y salió. Su esposo se hallaba a solas con la psicóloga, en la habitación pequeña.

Elena se acercó entonces a Irish y le pidió que estuviera pendiente de las nuevas noticias.

—De hecho mañana tengo cita en Toluca— respondió Irish.

—No vaya a la cita, yo la acompaño la próxima semana.

—¿Usted cree que me voy a aguantar todo el fin de semana?

—Yo misma la llevo a Toluca, para que nos expliquen esta situación —ofreció la anciana.

La puerta del cuartito se abrió. Miguel Ángel atravesó el umbral. El matrimonio se despidió e inició el trayecto de vuelta a casa, en camión, en silencio la mayor parte del tiempo. Al fin Irish habló:

—Voy a llegar a buscar esa blusa.

—No. Espérate. Vamos a esperarnos.

Ella accedió, sobre todo porque temió no hallarla entre las cosas de Bianca. "Y si no la encuentro, ¿entonces qué?", se dijo.

Llegaron a casa. No hablaron a nadie de lo sucedido. Ni a la suegra ni a los tíos, mucho menos al hijo pequeño. Irish sentía un cansancio terrible. Subió las escaleras y se dirigió a su dormitorio, se acostó inmediatamente y entró en un sueño pesado. Miguel Ángel permaneció en la sala, despierto hasta muy tarde, en silencio, a solas.

Al día siguiente, en vez de dirigirse a Toluca, Irish fue a la Subprocuraduría Especializada en Investigación de Delincuencia Organizada (Seido), con sede en la Ciudad de México. Llegaron con la licenciada Santa, encargada del caso. Irish le relató lo que había ocurrido la tarde anterior.

—Llamamos a Toluca. Y, si es necesario, en este momento pido un carro y que los lleven —ofreció la funcionaria.

Le marcaron a la fiscal especializada en Combate a la Trata del Estado de México, Guillermina Cabrera Figueroa.

—¿Quién le enseñó esas fotos? —inquirió la funcionaria.

Cuando salió de la Seido, al revisar su celular —en las oficinas de la PGR se pide a los visitantes que dejen afuera sus teléfonos y dispositivos electrónicos, así que por varias horas Irish no vio sus mensajes—, Irish se sorprendió al ver registradas varias llamadas perdidas de la asociación y de su esposo, con quien se comunicó.

—Me habló Elenita, de la asociación —le dijo Miguel Ángel—. Me preguntó que a quién le habíamos platicado lo de las fotografías. Me reclamó que nos las había mostrado de forma extraoficial y que ahora está en juego la comandante que se las filtró.

—Yo sólo quiero saber qué está pasando —dijo Irish.

★ ★ ★

El viernes 12 de abril de 2013 Irish y Miguel Ángel fueron a Toluca.

La fiscal Guillermina Cabrera, en tono conciliatorio dio su versión:

—Miren, nosotros no queríamos darles esta información sin antes hacer un perfil antropológico de los huesos, para estar cien por ciento seguros de que se trata de su hija. Pero efectivamente se encontró un cuerpo con las características de Bianca; se hizo la confronta de ADN y coincidió en un noventa y nueve por ciento. Ahora, pues, necesito que vean las fotos.

La fiscal sacó unas fotografías impresas en tamaño media carta, papel fotográfico en blanco y negro, color mate. Se podía observar a una mujer joven tendida sobre la plancha. El rostro hinchado, con los ojos semicerrados. Irish vio a una joven semejante a su hija, pero al mismo tiempo le parecía extraña, desconocida. Distorsionada. Desfigurada.

—Sí se parece, pero se ven distorsionadas en blanco y negro.

Guillermina preguntó a sus asistentes si las tenían a color. Un comandante las tenía.

Se las mostraron. En ellas se veían la pulsera amarilla y verde de San Judas Tadeo, la blusa rosa sin mangas, la piel tostada de su hija.

—Sí. Es mi hija.

—Estas mismas fotos me las enseñó ayer Elenita —dijo Miguel Ángel.

Más tarde, a solas, el esposo le explicó a Irish que cuando el miércoles anterior ella había ido al sanitario de la asociación, Elenita le preguntó si reconocería a su hija. Él respondió que sí. Entonces le enseñaron las mismas fotografías que acababan de ver. Aquel día Miguel Ángel confrontó a Elenita:

—Sí, es mi hija. ¿Dónde está?

—No lo sé —respondió Elenita.

—¿Pero cómo no sabe? ¿No dice que a ustedes les dan las primicias de los Semefos? —cuestionó—. Esto no es reciente. Porque a casi un año de desaparecida mi hija no llevaría la misma ropa. ¿Dónde está?

—A su hija ya le dieron cristiana sepultura. Pero no sé dónde está —admitió.

—Prefiero esperar a que se hagan las demás pruebas —afirmó tajante Miguel Ángel.

Desde entonces la esperanza de localizar viva a su hija se esfumó para Miguel Ángel. Y por eso Miguel Ángel no hablaba cuando salieron de la asociación. Por eso le pidió a su esposa no buscar la playera rosa aquel día; quizá quería retrasar, un poco más la noticia a su esposa, regalarle una noche de sueño. Y por eso, por saber a su primogénita muerta, asesinada probablemente desde el día en que desapareció, por saber que tendría que sostener a su mujer y a su hijo en los próximos días, aquella noche en la que Irish se acostó exhausta y cayó enseguida en un sueño sin sueños, Miguel Ángel no pudo dormir.

* * *

Entre el 12 y el 26 de abril de 2013 los padres de Bianca estuvieron abrumados por papeleos y trámites. Salubridad no quería otorgar un permiso para que se velaran los restos. David Mancera, un activista de la zona, llamó al fiscal de Ecatepec, Gerardo Ángeles, y fue así que la familia obtuvo un pase de 24 horas para despedirse de su niña. Se avisó a familiares, amigos y compañeros de Bianca. No tenían mucho margen para dar una hora y fecha específicas. Pero todos estuvieron atentos a la llamada.

La tarde del 26 por fin exhumaron los restos. Los colocaron a toda prisa en un féretro y se dirigieron a la casa de la abuela, el lugar donde había crecido Bianca y donde su familia se refugió después de la desaparición. Colocaron el féretro en el centro de la sala, en la planta baja. La gente no cabía en la casa, así que levantaron una carpa afuera, en la calle. Asistieron muchas madres de desaparecidos, amigas que hizo Irish a lo largo de los 11 meses en los que buscó a su hija. Algunas ya habían localizado a sus familiares, algunos vivos, otros muertos. También fueron algunas niñas y niños, amigos de la secundaria, que lloraban.

Una de ellas recordó después, llorando, llorando mucho, aunque ya habían pasado seis años:[2]

> Bianca era muy alegre, muy divertida. A todo le encontraba gracia. Le gustaba mucho que saliéramos. Empezamos a ser amigas en segundo de secundaria.
>
> Prácticamente ella conocía todo de mí y yo de ella. Éramos un grupito de amigos. Éramos tres mujeres y cuatro hombres.

[2] Se mantiene el anonimato de la amiga de Bianca por seguridad.

Nosotras decíamos que íbamos a estudiar lo mismo para trabajar juntas. Bianca quería estudiar psicología. Pero para que estuviéramos juntas.

[Antes de desaparecer] quería empezar a planear sus 15 años. Estaba muy ansiosa, ya quería que fueran sus 15. No sabía de qué color quería el vestido... Es que cambiaba mucho de decisiones. Ella, por ejemplo, veía algo y lo quería, pero luego veía otra cosa y cambiaba de opinión. Pero lo que sí quería era un vestido grande de 15 e invitar a un buen de amigos. Quería que todos fuéramos a sus 15 años. Quería que la fiesta durara dos días.

Era muy amiguera. Siempre sacaba cosas para que todos nos riéramos. Pero, sobre todo, era muy afectuosa. Nos daba cartas, de decirnos siempre voy a estar contigo. Le gustaba mucho ayudar a las personas. Le gustaba que confiaran en ella. Si alguien le decía que tenía problemas, ella ofrecía su casa o apoyo. Ella siempre, siempre, daba apoyo incondicional. Era una persona con la que podías contar. Si alguien no llevaba dinero de comer, siempre invitaba de su comida. Incluso aunque alguien no le cayera bien, si la veía triste, le brindaba apoyo.

Ella tenía muchos amigos. Era muy sociable. Pero no era verdad que ella anduviera como *de loca* o tuviera muchos novios. Ella siempre, siempre, se daba a respetar... [con voz baja, seria, enojada] Ella siempre se daba a respetar.

Se me hizo raro cuando dijeron que Bianca vendía drogas... ¡Casi siempre estaba conmigo! Y cuando no estábamos juntas, estaba en su casa, siempre hablando por teléfono... ¡conmigo! [Además] ella, cuando mentía, se le notaba luego luego. Se ponía muy nerviosa o se ponía a reír. Se ponía rojita... Lo que más recuerdo de ella es que se le hacían hoyuelos cuando se reía, [ríe], ¡y sus ojos se veían chiquititos! Y se ponía chapeadita...

Lo único raro fue que, justo poco antes de desaparecer, nos platicaba mucho de que tenía un amigo, un "hermano", más grande que ella, que lo quería muchísimo y se sentía protegida por él. Insistía en que era su hermano mayor. Nunca supimos quién era, pero en el face veíamos que le escribía un chico que se llamaba Daniel; no había fotos de él. Cuando ella desapareció, enseguida pensé que quizá era él…

Bianca fue una persona muy importante para mí y siempre lo va a ser. Ella fue una de mis mejores amigas. Y fue la persona que más me enseñó cosas. Ella siempre me decía: "No importa que estés triste, no importan todos los problemas que tengas encima, tienes que salir adelante".

Cuando me enteré de que estaba muerta me la pasé llorando. Pero mi mamá me dijo: recuerda lo que ella te decía. "Por más problemas que tengas, tienes que salir adelante…" Pero desde lo que le pasó, yo ya no tengo amigos hombres. Yo tomé mis medidas. Y estudio lo que estudio por ella.

Ya que nos dijeron que ella había fallecido, una noche yo me dormí con esa angustia. En sueños yo la veía en un parque. Iba con su mamá. Yo la abrazaba y ella a mí. Yo le decía que en su velorio había ido una chica que era muy hipócrita: "Oye, ¿qué crees? —le decía—, que estas dos chavas andan diciendo que eran tus mejores amigas…" Y ella se reía: "Ay, no te enojes por eso".

Nos sentábamos en una banquita y me decía: "Te voy a contar lo que me pasó". Entonces ella movía la boca, pero yo no la escuchaba… Y yo le decía: "No te escucho". Y Bianca se reía, jugando: "Ya ves, nunca me pones atención". Y luego, en tono serio, bajo, Bianca agregó: "Ya me tengo que ir. Pero muy pronto vas a saber lo que me pasó. Todavía no es tiempo". Me daba un abrazo largo, y yo me despedía de ella.

Y fue como a los tres meses que supe lo que le pasó…

VESTIDA, CON LOS PIES DESCALZOS

El 9 de mayo de 2012, a las 7:10 de la mañana, el oficial informante José Cabrera Santos circulaba en su patrulla cuando recibió la orden de avanzar sobre la carretera libre México-Pachuca hasta la altura del kilómetro 48.5, porque se tenía el reporte de "un cuerpo femenino tirado en la vía pública".

La carretera federal 85, la libre México-Pachuca, es la misma que atraviesa las ciudades dormitorio de Los Héroes Tecámac y Santa María Chiconautla. Pero a la altura del kilómetro 48, cerca de Los Reyes Acozac, ya muy cerca de Tizayuca, Hidalgo, se respira un ambiente dual: las milpas y el pasto ralo conviven con los bodegones industriales. A los costados de la vialidad de dos carriles y acotamientos improvisados pueden verse pirules, depósitos de autos, talleres, fábricas de autopartes, milpas, depósitos de tráileres, campos y sembradíos. A un par de kilómetros se encuentra la Base Aérea Militar de Santa Lucía: una importante pista de aterrizaje y área de residencia de militares. Los cielos suelen ser limpios y los horizontes planos.

El agente José Cabrera llegó al lugar y la vio tendida boca arriba junto al acotamiento, del lado de la carretera con rumbo a Tizayuca. (Si sus asesinos venían desde Los Héroes, ¿se habrán dado la vuelta en "u", justo después de dejarla sobre la tierra?) El cuerpo estaba junto a una vulcanizadora, frente a un negocio. Sobre la tierra. Vestida, pero con los pies descalzos, las plantas de los pies limpios. Un pantalón de mezclilla oscuro, entallado y con pequeños detalles de rasgaduras; una sudadera también oscura, con la leyenda "B. Woman", debajo de la cual se asomaba una playera rosa. Las piernas separadas, los brazos extendidos; el pelo negro y lacio, revuelto por encima de la cabeza. Los ojos semicerrados, el rostro muy hinchado. La nariz y la boca cubiertas de sangre seca y tierra. Al acercarse, probablemente se percató de que en la boca tenía una bola de papel higiénico que despedía olor a PVC. El agente pidió el apoyo de una ambulancia. Una vez en el lugar, los paramédicos constataron lo obvio: estaba muerta.

Un par de horas después personal del Semefo levantó el cadáver. Lo transportó al anfiteatro del Centro de Justicia, ubicado en Ecatepec, a unos 30 minutos del sitio en que el cuerpo fue encontrado. Los ministeriales abrieron la carpeta de investigación número 241970550058412 por el delito de homicidio en agravio de una mujer desconocida de 20 a 25 años de edad.

Ese mismo día la médico legista María Alejandra León Mundo emitió su dictamen de necropsia. Describió que el área genital de la joven presentaba heridas y moretones; que los agresores desgarraron brutalmente el himen e introdujeron en la vagina papel higiénico blanco empapado de pegamento PVC (ese que se usa como droga inhalante), por lo que estaba completamente quemada. El área anal estaba desgarrada. La causa de muerte había sido asfixia, debido al contacto con alguna "sustancia, ya sea químico, ácido o cáustico, impregnado en algún objeto agente abrasivo que se utilizó para la oclusión de las vías respiratorias altas, causando una irritación en las vías respiratorias, con una hiperreactividad bronquial, que provoca una hipersecreción de líquidos y moco, y, consecuentemente, la formación de hongo de espuma". En otras palabras, la obligaron a inhalar pegamento hasta matarla.

Presentaba moretones enormes en la zona lumbar izquierda, los glúteos y el hombro izquierdo, consistentes con haber sido sometida y ultrajada en el suelo. Los senos estaban amoratados y habían sido mordidos; la huella dental de al menos uno de sus agresores había quedado impresa sobre la piel.

El 9 de mayo de 2012 el perito Alfredo Rodríguez determinó que la joven habría muerto entre seis y ocho horas antes de la inspección pericial, es decir, entre las dos y las cuatro de la madrugada del 9 de mayo, cuando los padres de Bianca ya la buscaban por todo el fraccionamiento. Concluyó también que algún agente químico ocasionó las lesiones en la boca y en la nariz, mientras que las del área genital y los senos fueron producto de abuso sexual; que el papel empapado en agentes químicos y encontrado tanto en la boca como la vagina tenía como objeto "limpiar" las zonas para no dejar material genético; que los surcos en las muñecas y tobillos evidenciaban que la joven había sido atada e inmovilizada con un cordón tipo cortinero, y que por la ausencia de lesiones típicas de lucha o forcejeo no tuvo oportunidad de defenderse.

Rodríguez concluyó que al haber sido hallada vestida, y dado que sus ropas no presentaban ninguna evidencia de lo ocurrido, la joven había sido desnudada, violada, golpeada, asesinada y, finalmente, vuelta a vestir antes de que su cuerpo fuera abandonado en la carretera.

Para el 14 de mayo de 2012 el perito químico Miguel Antonio Pérez escribió en su informe que no se determinó la presencia de fosfatasa ácida prostática ni las células espermáticas en los fragmentos de papel extraídos de la boca y la vagina. En otras palabras, no se pudo encontrar semen ni fluidos de los agresores. Éstos limpiaron con éxito su rastro. O al menos eso aseguraron los forenses. Los peritos tomaron una muestra de ADN —de la raíz de unas hebras de cabello de la joven—, que anexaron a la carpeta, y el 22 de mayo, 13 días después del hallazgo, enviaron el cuerpo a la fosa común del panteón municipal de San Isidro Atlautenco, en un barrio pobrísimo y gris de Ecatepec de Morelos.

El 12 de abril de 2013, casi un año después de la desaparición de su hija, los padres de Bianca supieron de la existencia de la carpeta de investigación número 241970550058412, en la que se describía con verborrea legaloide el feminicidio de una joven a la que habían calculado entre 20 y 25 años de edad al momento de su muerte. Fue precisamente por este error —o eso alegaron las autoridades— que ningún agente cruzó el caso con el de Bianca Edith Barrón Cedillo, una muchacha de 14 años oriunda de Los Héroes Tecámac que se había extraviado apenas unas horas antes de que el cuerpo fuera hallado.

Ni los padres de Bianca ni la opinión pública supieron que en la primera mitad de noviembre de 2012 una muchacha de 19 años[1] salió de un mandado en Los Héroes Ecatepec con rumbo a su casa —en otro municipio mexiquense— y desapareció. Su cuerpo fue hallado un día después, sobre la misma carretera en la que fue encontrada Bianca, pero ya en Tizayuca, en el estado de Hidalgo. El *modus operandi* era el mismo: fue agredida sexualmente, con esa violencia particular sobre los pechos femeninos, las mismas heridas y escoriaciones por ataduras y haber sido sometida sobre el suelo. Igual que Bianca, esta joven fue agredida, violentada y asesinada el mismo día de su desaparición, y los feminicidas arrojaron su cuerpo sobre la misma carretera 85, a unos cuantos kiló-

[1] El caso está identificado y contrastado por fuentes confiables, pero no se pudo obtener mayor información. La identidad es reservada.

metros de donde dejaron a Bianca. Los vecinos del municipio de Tizayuca la encontraron al día siguiente. La familia logró dar con ella hasta una semana y algunos días después. ¿Se habrán comparado las huellas y las marcas de los dientes que los agresores dejaron sobre sus pechos? No se sabe, pero cabe suponer que no.

Hay un caso similar más, de otra muchacha que también desapareció y fue hallada asesinada, agredida, vestida y con los pies descalzos, con escoriaciones por ataduras similares a las que sufrió Bianca, asesinada y arrojada a un lado de la carretera México- Pachuca, a la altura del puente rumbo a los Reyes Acozac,[2] a unos cuantos kilómetros de donde fueron halladas las otras dos muchachas.

Estos feminicidios, muy similares en la mecánica de los hechos y en el lugar donde arrojaron los cuerpos, no fueron vinculados en las investigaciones. Se pudo constatar que al menos en uno de los casos no hay un solo detenido ni una línea de investigación.

Días después del sepelio de Bianca, precisamente el 9 de mayo de 2013, la madre de S. recibió una llamada similar a la de Irish, mediante la que se le informaba sobre los posibles restos de su hija. Al igual que con Bianca, el cuerpo había sido hallado casi desde el inicio. Los restos de S. se encontraron un mes después de su desaparición desde 2011, en el Río de los Remedios, a la altura de Tonanitla (a pocos minutos de Tecámac). Como sucedió en el caso de Bianca, la edad aproximada que calcularon los peritos era distinta: la de una mujer de unos 40 años.

★ ★ ★

[2] Este caso no se encuentra identificado ni contrastado más que a partir de la filtración por parte de dos elementos de la procuraduría mexiquense, cada uno de forma independiente y espontánea.

Alguna vez, en otro contexto, en otra zona geográfica del Estado de México, pero en condiciones similares de padres en busca de su hija adolescente raptada, la madre de una jovencita llamada Bárbara Reyes Muñiz —secuestrada en Cuautitlán Izcalli— lo dijo de forma muy clara: buscando a los desaparecidos, los familiares ven imágenes de asesinados, muertos y más muertos: "Y lo que ves ya no puedes *desverlo*, y se queda contigo para siempre". Las madres acuden a los Semefos y revisan las carpetas, observan las imágenes. Sus ojos se llenan de la oscuridad del mundo. Así probablemente pasó con las madres de Tecámac y Ecatepec. De seguro ellas también miraron las fotografías de un feminicidio terrible, el de una joven cuyos restos fueron hallados el 17 de julio de 2013, no muy lejos de Los Héroes Tecámac.

En la colonia Lázaro Cárdenas, municipio de Ecatepec, a lo largo de las vías del tren se extienden terrenos baldíos que en ocasiones se usan para jugar futbol o para tirar cascajo y basura. Para la gente que camina por ahí no es inusual ver bolsas y desperdicios, o recibir el golpe olfativo de fiambres, animales muertos o desperdicio en composición. Pero el 17 de julio, entre lo que parecía basura semienterrada, unos paseantes alcanzaron a ver cabello y una cabeza humana. Cuando llegaron los peritos y examinaron someramente constataron que se trataba de un costal muy deteriorado de rafia blanco —de los que se utilizan para el azúcar o la harina—. En el interior, envuelto en bolsas negras de basura aseguradas con cinta canela, hallaron el torso desnudo de una mujer al que le faltaban las extremidades inferiores.

Las autoridades no acordonaron el lugar ni tampoco hicieron esfuerzo por hallar las piernas. En su informe comentaron que "había mucha basura", como si ello los exculpara de no hacer su trabajo. No buscaron más restos ni evidencia del o los criminales.

Levantaron el cuerpo y, una vez en la plancha del Semefo, un médico legista le calculó una edad aproximada de 18 a 22 años y conjeturó que habría sido asesinada aproximadamente un mes antes del hallazgo. El cuerpo estaba saponificado, es decir, había adquirido la consistencia como de cera o jabón propia de los cadáveres que se descomponen en contacto con aguas estancadas o lugares poco ventilados; le faltaban los órganos internos, pero no se hicieron pruebas periciales para determinar si esto se debía a la acción de perros o ratas, o si alguien los había removido. Se consignó que la joven había pasado por una cirugía *premortem* para extraer una muela del juicio. Del rostro no quedaba nada…

Como los casos de Yenifer y las otras dos muchachas en los alrededores de Chiconautla eran recientes, las autoridades confrontaron sus pruebas genéticas, tras lo cual se descartó que perteneciera a cualquiera de ellas. Los restos fueron enterrados en una fosa común del panteón de Chiconautla. Y el ADN de la joven de las vías del tren quedó archivado en algún Semefo u oficina policial.

EL PRESENTIMIENTO DE BIANCA

Los días y los meses se sucedieron unos a otros, idénticos. ¿Quiénes eran los asesinos? ¿Por qué y cómo ocurrió? Irish sospechaba de uno de los compañeros de la secundaria de su hija, Francisco, a quien ella conocía y había tratado. La razón de sus sospechas era todo lo que el muchacho había declarado ante el Ministerio Público en junio de 2012, y la forma en que él actuaba. Por la manera en que llegaba al Ministerio Público acompañado de su madre, una expolicía, y las miradas que ésta le dirigía a Irish. Recuerda que en una ocasión, antes de que localizaran el cuerpo de Bianca, encargó a una amiga de su hija que repartiera volantes entre los amigos. Específicamente le pidió que le diera unos a Paco y se fijara cuál era su reacción. La muchacha repartió los volantes entre sus compañeros del salón; luego se acercó a Paco y le ofreció un fajo.

—¡Ya estoy harto de que me acusen de que yo le hice algo a Bianca!

—No nada más te estoy repartiendo a ti. Les estoy repartiendo a todos. Nadie te está culpando —respondió ella.

Además, sabían que quien mató a Bianca la conocía, tenía contacto con sus amigos y vivía cerca. En una ocasión, cuando todavía estaba desaparecida, los familiares colgaron una manta con el rostro de Bianca en un puente peatonal de la carretera a Texcoco. Poco después, por celular llegó un *reproche*: "Ay, mamá, ya me pones mantas, como si fuera perro".

Pero eso era todo: sospechas. Casi desde el inicio, Irish había pedido a los policías que lo investigaran. Pero ellos le exigieron pruebas contra Paco. ¿A ella? ¿A la mamá? ¿No debían investigarlo las autoridades? Ella no tenía ninguna prueba: sólo lo que era evidente, lo que Paco declaraba: que su dicho coincidía con los mensajes que habían recibido del celular de Bianca, que su madre tenía amistades en el MP de Tecámac. "Necesitamos pruebas", le decían los policías. Entonces Irish sabía que si entraba a la cuenta de Facebook de su hija podría recabar información. Pidió una y otra vez que la policía abriera la cuenta de Bianca. Pero siempre le dieron pretextos, dilaciones, el eterno "no se puede". Encontraron a Bianca asesinada y se vinculó su caso a tres desapariciones de la zona. Y ninguna autoridad investigó la cuenta de Facebook de Bianca. En una ocasión distinta, y hablando con investigadores de otros casos, éstos explicaron que, de hacerse el trámite correspondiente, una cuenta de Facebook puede ser abierta de forma legal en 15 días. Pero ni la PGR ni la procuraduría del estado hicieron el trámite en el caso de Bianca.

Entonces Irish rebuscaba una y otra vez entre las pertenencias de su hija, sobre todo en sus cuadernos, en los que ella copiaba letras de canciones y hacía dibujos. "Estrellitas. Dibujaba muchas estrellitas."

Una tarde de tantas, en septiembre u octubre de 2013, subió como otras veces a la bodega donde guardaba algunas pertenencias de su hija. Repasó sus cuadernos. Miró, como muchas veces antes, las estrellitas en hojas escolares. A veces Irish copiaba las letras de las canciones y las probaba como contraseñas de la cuenta de Facebook.

En una libreta vio cinco letras y cuatro números: asdfg1234. Las primeras cinco letras de la segunda hilera en el teclado y los primeros dígitos. "No me acuerdo si éstas ya las escribí", pensó. Encendió la computadora y las tecleó como contraseña de la cuenta de Facebook. Resultó que había acertado. Y se internó en los secretos de su hija.

Conoció, por ejemplo, que los correos de Bianca estaban vinculados a tres cuentas de Facebook, dos que eran públicamente de su hija: "Bianqiiita", y "Biancaaaa",[1] a la que no pudo acceder), y una tercera que estaba bajo el nombre de "Daniel", a la que tampoco pudo acceder. Desde esa cuenta, el personaje "Daniel" comentaba las fotografías públicas de Bianqiiita. Se podría pensar que Bianca entonces había creado un admirador virtual, pero no era así. Desde la cuenta de Bianca había conversaciones entre ella y Daniel; entonces, probablemente esta cuenta, la de Daniel, había sido creada con el fin de que Bianca y un desconocido dialogaran sin que ni los amigos de Bianca supieran quién era el personaje misterioso. "Tengo un amigo que es lindísimo, es más grande que yo. Es mi hermano", había contado Bianca a sus amigas.

Peinando las conversaciones de su hija, supo que la noche en que Bianca desapareció vería por lo menos a tres personas, en distintos momentos y por diferentes motivos.

Primero, como Irish ya sabía, debía verse con Eduardo, su novio, para discutir sobre el rompimiento y la supuesta infidelidad de él. Probablemente los dos se verían con Yoanca, una muchacha por la que habían terminado.

Con Eduardo, la conversación giraba en torno de una reconciliación. Lalo pedía que volvieran, ella respondía que no, y no por Yoanca, sino porque ella misma andaba "en cosas malas". "Ando vendiendo droga, siento que algo malo me va a pasar. Tengo ese

[1] Los nombres originales de las cuentas están ligeramente modificados.

presentimiento", le confió Bianca. Y agregó: "No quiero que nada te pase a ti".

Eduardo no la tomó en serio. Diría después que francamente no le creyó. Pensó que Bianca le mentía, que quizá se estaba haciendo la importante, o que simplemente no quería regresar con él y buscaba una excusa. Pero él quiso mostrarse "protector" y "fuerte". Le respondió: "No te preocupes, yo te voy a proteger. Mi familia está en cosas más gruesas que eso". Bianca se negó de nuevo y entonces Lalo le dijo que si ya no quería estar con él, mejor simplemente se lo dijera.

Lalo no lo supo entonces, pero quizá la prueba de afecto más importante que Bianca le dio había sido ésa: contarle lo que no les dijo ni a sus mejores amigas: que había accedido a vender droga, pero estaba arrepentida y se sentía en peligro.

Además de Eduardo y Yoanca, según las declaraciones previas de los amigos de Bianca, la noche del 8 también vería a Cris Panamiur, el amigo de segundo de secundaria. Pero, según las conversaciones de Facebook, en los siguientes días Bianca había quedado de encontrarse con Erick San Juan Palafox, un joven bastante más grande que ella, militar en activo, que era muy amigo de Paco. Se iban a ver porque él le daría una dosis de droga para que Bianca la vendiera a Cris Panamiur. Quedaba la duda, entonces, si Bianca se vería con Erick la noche del 8 o no.

—Cris me pidió mota. ¿Qué es mota? —preguntó Bianca a Erick por Facebook.

—Pendeja, la mota es mariguana.

Una adolescente de 14 años que vende droga y no sabe qué es la mota.

En aquel entonces Erick tenía 22 años de edad. En muchas fotos que subía al Facebook salía sin camisa, mostrando un torso desnudo, muy delgado y atlético. Tenía un rostro cadavérico y, paradójicamente, redondo. Usaba corte de pelo estilo militar y tenía orejas sobresalientes. En algunas imágenes se encontraba en fiestas rodeado de adolescentes más jóvenes que él. En otras más aparecía con uniforme militar. *El Mili*. Le llamaban *el Mili*.

Mientras revisaba el perfil de Erick, Irish probablemente recordó cuando Bianca le habló de él. Aproximadamente en enero de 2011 su hija le pidió permiso para ir al cumpleaños de un amigo de Paco Matadamas, a quien se refirió como *Mili*. Pero a Irish le dio desconfianza cuando se enteró de la edad del festejado.

—No me gusta que te juntes con muchachos tan grandes.

—Es bien buena onda, mamá —la tranquilizó Bianca—. Es muy lindo —y agregó—: la mamá de Paco lo quiere mucho, hasta le va a hacer un pastel.

Pero *el Mili* no le gustaba. Aunque Irish no sabía en ese entonces que este militar mayor de edad también se había hecho novio de una de las amigas de Bianca, una niña de entonces 13 años.

Revisando conversaciones más antiguas, supo que un mes atrás de la desaparición de Bianca, *el Mili* y Paco le propusieron que vendiera para ellos cigarros de mariguana en la escuela; también le mencionaron algo sobre dirigir un grupo de muchachas que se dedicarían al narcomenudeo. Le endulzaron el oído, dijeron que la escogieron a ella por "ser la más entrona y no traicionera". Bianca entonces preguntó: "¿A cuántas muchachas?". Respondieron que "a muchas", todas de 14 a 17 años de edad.

Quizá a Bianca la enorgulleció que la tomaran en cuenta para un negocio así. Quizá pensó que vender mariguana le daría estatus. Quizá le atrajo la idea de tener un poco de dinero propio. Su madre, Irish, tiene otra teoría: Bianca lo hizo por sus amigos. Les daba todo lo que tenía. Tal vez simplemente fue la necesidad

—especialmente fuerte para los adolescentes que se sienten solos— de pertenecer a un grupo, de sentirse importante. A lo mejor era una mezcla de todos los posibles motivos: la soledad, las ganas de pertenecer, la incapacidad de decir que no, un dinero extra. Todo en un momento de crisis. ¿Por qué una adolescente rodeada de amigos, accedió a esta propuesta? Nadie lo sabe. Lo único cierto es que aceptó. Y entonces *el Mili* le dijo que, antes de comenzar a trabajar, como muestra de "lealtad", tendría que "sacar de circulación" a Gaby N.,[2] "porque está *hablando de más* y es novia de uno de los contrarios". ¿Quién era Gaby?

Erick escribía sobre controlar a muchachas, sobre lealtad, sobre lo "entrona" que era Bianca. Irish continuó leyendo conversaciones privadas en el chat de Facebook y viendo las fotografías que Bianca subía. Tal vez una llamó su atención, una tan emblemática para Bianca que la colocó como presentación de sí misma, como imagen de portada: Bianca y dos amigas en la escuela secundaria, con sus uniformes, portando los suéteres color azul acero. Al fondo, en la pared, un pliego de papel bond cuadriculado, de ésos que los estudiantes de secundaria usan en exposiciones y para presentar sus tareas. Sobre el pliego, escrito con plumón negro y con cuidadosa letra de molde, podía leerse: "Polonia-Polaco. Es un país ubicado en la porción oriental de la Europa Central miembro de la Unión Europea..." También en la pared, una pinta con nombres: "Flecos [Aylin], Vane, Cat [Bianca], Lenii, Paco Friends Forever". Y al frente las jovencitas: sus caras aún infantiles, con flequillo, diademas con diamantina, aretitos y maquillaje discreto, muy de niñas todavía. Las tres sonriendo por su travesura, su transgresión: las tres levantando el dedo medio que, desafiantes, muestran a la cámara.

[2] Se omite el apellido de la persona mencionada.

La foto es del 18 de abril de 2012. A menos de un mes de que desaparecieran y mataran a Bianca. Por las fechas en las que Erick San Juan Palafox, *el Mili*, le había propuesto vender droga por ser "bien entrona". El militar en activo que propuso a la hija de Irish vender droga y controlar niñas comentó la fotografía: "Apoco si bn mala bb". "Lo normal Erick", respondió Bianca.

Probablemente Irish rebuscó en el Facebook del *Mili*. Entre sus fotografías destacaban las de un álbum titulado "POLONIA", así, con mayúsculas, fechado el 14 de septiembre de 2012, el mero día del cumpleaños de Bianca. El día en el que ella habría cumplido sus ansiados 15 años. Mientras los amigos de Bianca enviaban mensajes para que regresara, prometiéndole la fiesta que tanto anhelaba para cuando volviera, *el Mili* organizó una fiesta en su departamento. Invitó a chavos, muy jóvenes —siempre eran más jóvenes que él—. Los chicos que se juntaban en la calle Bosques de Polonia eran sus invitados. Es decir, algunos amigos y conocidos de Bianca. Hubo cerveza, torres de cartones de cerveza y entre todo eso, Irish descubrió las fotografías de un cuerno de chivo y muchas balas. "Es el cuernito del que te platiqué", escribiría en algún mensaje *el Mili*. Y había más fotos de armas: fotos tomadas a la pantalla de un celular Nokia, de esos viejitos que llaman "ladrillos": celulares que ya no ocupa nadie, excepto los que necesitan que la pila no se acabe en dos días; personas como los narcos y los militares. En la pantalla de ese celular había más armas. Sólo armas, cerveza y perros pitbull. Si Irish indagó más sobre el perfil de Facebook del militar, probablemente encontró que en su hoja de información, entre lo que él enlistó como familiares, había un grupo de ocho adolescentes, entre ellos Bianca (Bianqiiita), a quien le dio el estatus de "hermana", y un joven llamado Daniel, a quien todos llamaban *el Gato*, consignado como su "hermano".

El Gato había sido novio de su hija en 2011. Habían durado un mes, pero seguían siendo amigos.

Días más tarde, Irish interpuso una denuncia por el delito de trata de personas contra Erick San Juan Palafox, *el Mili*. Era octubre de 2013.

DIANA ANGÉLICA

14 años

Haz que este día cuente.

Un mes antes de que Irish interpusiera la denuncia por la desaparición de su hija, otra jovencita desapareció en Los Héroes Tecámac: Diana Angélica Castañeda Fuentes, quien entonces tenía 14 años y recién ingresaba a tercero de secundaria.

Diana había crecido entre dos mundos del Estado de México: los días de escuela vivía en la casa de su padre, en Los Héroes Ecatepec, tercera sección (separada de Los Héroes Tecámac por un puente peatonal), mientras que muchos fines de semana se trasladaba a Satélite, a la casa de su mejor amiga, Mariana, una niña tres años menor que ella.

Se conocían desde que eran muy pequeñas. Se consideraban hermanas. Los juegos, el helado de menta, los dulces y la comida chatarra, los juegos con lodo, haciendo "albóndigas"… Diana solía decirle a su amiga: "Exfóliate los pies con el lodo, te quedarán tan suavecitos como pompas de bebé". También estaban las noches en que, acompañadas una de la otra, veían películas o miraban estrellas. Hasta tenían una favorita a la que le pedían deseos.

Las amistades infantiles no se componen sólo de momentos idílicos, de acontecimientos que recordaremos por siempre y que se convierten en pilares de nuestra personalidad o el inicio de nuestros sueños. Las amistades infantiles —como las del resto de la vida— están hechas también de situaciones duras, de penas.

Ambas habían sufrido la experiencia de la separación de sus padres. En este caso, quizá por ser la mayor, Diana era quien le había dado la fuerza a Mariana para seguir siendo feliz. Cuando Mariana se entristecía, su amiga le decía: "Hoy nunca lo vas a volver a vivir, así que vívelo bien y vívelo como se debe; sácale una sonrisa. Mariana, eres una niña muy bonita, eres una niña muy linda, sonríele a la vida, y mientras más sonrías, mejor te va a ir. Sé feliz, disfrútalo como es. A veces hay que sufrir, pero sufrir es sentirse vivos. Entonces siéntelo; siente tu tristeza, pero vívela con felicidad".

Las niñas habían crecido a la par. No percibieron los tres años que las separaban como una diferencia... hasta que Diana entró a la secundaria y platicaba sobre materias como Química o Física o de los muchos maestros con los que debía lidiar. A Mariana se le antojaba interesantísima y distinta la nueva etapa de su amiga, además de que la emocionaba que Diana ya pudiera tener novios y que, en ocasiones, la dejaran salir sola. Pero lamentaba los tres años de distancia, sobre todo cuando su amiga sufría ciertos cambios de humor y cuando mantenía algunos secretos. Mariana intuía que Diana ya tenía otro mundo, un mundo al que ella no podía entrar.

La unión entre ellas dos, de alguna forma, era producto de otra amistad: la de sus madres. La mamá de Diana, María Eugenia Fuentes —a quien todos llaman Margy—, conoció a la mamá de Mariana años atrás a través de internet. Ésta tenía cargas de trabajo muy fuertes y necesitaba de alguien que cuidara a Mariana. Así que Margy pasaba muchos días cuidando a ambas hijas. Pero luego el trabajo se fue complicando y Margy se volvió imprescindible para su amiga, por lo que cada vez trabajaba más horas; por eso muchas veces pasaban también los fines de semana en Satélite.

Mientras las hijas crecían juntas, la amistad de las madres se fue estrechando. Les tocó compartir las experiencias propias de la crianza de los hijos y los embates de la vida: los problemas económicos, las crisis conyugales. De hecho, recientemente Margy se había separado de su pareja —con quien quedó en buenos términos— y se refugió en la casa de su amiga, en tanto que Diana y su hijo mayor —Fernando, de 19 años— permanecieron junto al papá. Sin embargo, el plan era que Diana dentro de poco se fuera a vivir con su mamá.

Por eso es que la mañana del sábado 7 de septiembre de 2013 Margy se encontraba en Satélite y no en Ecatepec. Se sentó frente a la computadora y mientras revisaba asuntos de trabajo aprovechó para curiosear en Facebook y entró al perfil de su hija Diana.

Un chico al que no conocía había comentado algunas fotografías de su hija: "¡Ow! Ella es hermosa y es mi novia". Margy frunció el ceño. En ese momento vio conectada a Diana y le envió un mensaje privado:

—Oye, mami, no estés llenando vacíos con novios —escribió a su hija.

Diana, que se hallaba en Ecatepec, recibió el mensaje mientras estaba recostada en su cama. Desde el teléfono celular que Margy le había regalado, y con el cual navegaba en sus redes sociales, contestó:

—Sí, ma, ya sé. Pero es alguien que me está haciendo feliz.

—Pero tú ya sabes que no se llenan vacíos con las personas.

Diana quería olvidar a un chico de pelo revuelto llamado Julio, quien fue realmente importante para ella. Habían sido novios, pero terminaron poco antes de que ella finalizara segundo de secundaria. El dicho popular "un clavo saca a otro clavo" no funcionaba, al menos para Diana, quien poco después del rompimiento estableció una relación con otro muchacho, Néstor, pero no duró. Y ahora Moisés, el chico que comentaba sus fotografías, la pretendía.

Margy conocía el corazón de su hija. Eran cercanas, amigas. Por eso le habló de no llenar vacíos con personas, aunque también intuyó que más sermón no ayudaría. Así que cambió la conversación.

—¿Ya pasaste tu examen extraordinario?

—Sí, ma, sí lo pasé.

—Qué bueno. Me alegra mucho —respondió Margy, y continuó con su trabajo, dejando inconclusa la conversación con su hija.

Por su parte, Diana chateó con otras personas, entre ellas una chica llamada Evelin, del sector XXI en Los Héroes Tecámac, y quien la invitó a una tardeada. A las 11:42 de la mañana, Diana escribió el que sería su último estatus en Facebook, acompañado de un corazón:

Amo a mi mami Margy Fuentes Núñez.

Después, Diana se sentó a comer con su papá y su hermano, y cuando terminó pidió permiso para ir con su amiga.

—Sí. Nada más no llegues tarde.

Entre las 4:00 y las 4:10 de la tarde, Diana salió de su casa en la tercera sección de Los Héroes Ecatepec. Dejó el celular, que sólo utilizaba para conectarse a internet. No se puso los pupilentes azules que usaba en ocasiones, y de forma inusual tampoco cargó con su estuchito de maquillaje. Caminó sobre la avenida Josefa Ortiz de Domínguez, donde se encontró a un niño de aproximadamente 10 años, vecino suyo, a quien saludó. Dio vuelta sobre una callecita, la entrada oficial a la tercera sección, pasó a un lado de la caseta de policía y llegó a la autopista Texcoco-Lechería. Dejó atrás la barda con el letrero en el que se leen las palabras "Bienvenidos a Héroes Tercera Sección" y subió el puente peatonal que cruza la autopista Texcoco-Lechería. Ahí, sobre el puente, alrededor de las 4:20, se encontró con un amigo de su hermano a quien también saludó. Él fue la última persona que la vio: una muchacha pequeña, delgada, de cabellera oscura y abundante, fleco igualmente abundante que solía cubrir parte de su rostro y sus enormes ojos; con pantalones entallados a las delgadas piernas, tenis, algunas pulseras de estoperoles; de sonrisa infantil, encantadora, con dos dientes, los colmillos superiores, un poco encimados.

A partir de ahí, todo son suposiciones: probablemente Diana bajó del puente peatonal y se internó en la calle Felipe Villanueva; quizá pasó junto a una gasolinera y a una Farmacia del Ahorro. ¿Habrá alcanzado a caminar frente a las tiendas Coppel y Oxxo, ahí por donde se encuentra el Urban Gym, donde *el Diablo* estacionaba su hummer? ¿Pasó por donde todos los chavos de la sexta se reunían con sus perros o jugaban futbol? Era el camino natural hacia la sección XXI.

Antes de las cinco de la tarde, Margy vio el mensaje escrito por su hija: "Amo a mi mami Margy Fuentes Núñez". Respondió:

Yo también te amo mi amor… con todo mi corazón!!!

Ahora se sabe que Diana —o alguien más— se conectó a su cuenta alrededor de las cinco de la tarde, chateó con un amigo y poco antes de las seis se despidió y dijo: "Me tengo que ir". Lo más seguro es que Diana haya leído la respuesta de su mamá.

* * *

En Ecatepec, el papá y el hermano calculaban que Diana volvería a las siete de la noche. No obstante, conforme se iba haciendo más tarde, comenzaron a inquietarse. A las ocho revisaron el teléfono celular que Diana había dejado en casa. La sesión de Facebook se encontraba abierta. Así supieron que la amiga a la que vería se llamaba Evelin, que vivía en la sección XXI y que planeaban ir a una tardeada en la sexta sección de Los Héroes Tecámac. Pocos minutos después de las ocho el hermano salió a buscar la fiesta. No encontró nada. Aparentemente ya había terminado.

Ese día, en Satélite, Margy no pudo recibir mensajes ni llamadas pues la batería de su celular se descargó desde la tarde. Había sido un día intenso para la familia de su amiga. Los padres de Mariana buscaban una reconciliación; hablaban de regresar y vivir juntos otra vez. Mariana, su hermano, sus padres y Margy pasaron la tarde y la noche platicando, llenándose de esperanza. Dieron las tres de la mañana cuando la conversación terminó y todos se dispusieron a descansar. Mariana pidió dormir en el cuarto de la amiga de su madre; incluso, debido a las emociones del día, hablaron todavía de ver alguna película para relajarse. Así que Margy subió a su habitación a tenderle una camita a la pequeña invitada, como las que preparaba cuando se encontraban juntas las tres: su hija Diana, Mariana y ella misma, con las colchonetas de los muebles del jardín. Fue hasta entonces que entró al cuarto, conectó su celular y comenzaron a llegar los mensajes. Su hija no había regresado a casa.

Mariana, que tenía 11 años en aquel entonces, recuerda que Margy bajó corriendo, llorando, gritando que Diana había desaparecido; y de inmediato se trasladó a Ecatepec. Cuando se fue,

Mariana pensó que Diana, como era una "buena niña", seguramente estaba bien. Que sólo era un malentendido, que no pasarían más que horas antes de que apareciera y se supiera que se encontraba con alguna amiga.

Esa noche Margy y su familia iniciaron su peregrinar en agencias y casas de amigos. A las seis de la mañana se presentaron en la agencia del Ministerio Público de Ecatepec. Ahí les dijeron que en el Ministerio Público de San Agustín (también en ese municipio) tendrían más oportunidad de ser atendidos. Margy se trasladó hacia allá inmediatamente, y de ahí al Centro de Apoyo a Personas Extraviadas y Ausentes (CAPEA), en la Ciudad de México. Ahí la agente a cargo cuestionó el peinado de Diana:

—Es muy de *emo* —comentó—. ¿Su hija no estará deprimida? ¿Por qué lleva el pelo así, los pantalones así?

Margy terminó el trámite a las nueve de la mañana y fue a un cibercafé a difundir la desaparición de su hija a través de las redes sociales. A las tres de la tarde, Evelin por fin contestó los mensajes que la familia de Diana le había enviado:

> Diana no está conmigo. Nunca llegó.

Margy pidió platicar con ella en persona; la niña accedió y le dio su dirección. De inmediato se dirigió a casa de la amiga de su hija, pero cuando llegó nadie abrió la puerta.

¿Los padres de Evelin habrán temido que su hija se involucrara en el caso? Los menores de edad, amigos y conocidos de una desaparecida suelen negarse a aportar información. Sus familiares llegan a esconderlos. Quizá se deba al temor de involucrarse, de ser acusados de algo. En cambio, a los padres de desaparecidas esta actitud les produce suspicacia. Aquel que se niega, ¿es porque sabe algo que no quiere decir? Ése fue el caso de Margy. Y sus sospechas crecieron más todavía cuando días más tarde, en el Ministerio Público, la jovencita Evelin aseguró que no conocía a Diana. Y así ocurrió con muchos adolescentes del sector XXI en Los Héroes Tecámac.

Luego vino otra alerta, otra duda. Al entrar directamente a la cuenta de Facebook de Diana, Margy se percató de que su hija había configurado la privacidad de manera que su mamá no viera algunas cosas: fotografías de amigos un par de años más grandes que ella, amigos que Margy no aprobaría. Y Evelin, la chica que vería Diana esa tarde, pertenecía a este grupo. También supo que el día que desapareció, Diana se volvió a conectar a Facebook a las cinco de la tarde, es decir, una hora después de salir de casa, y que chateó con un amigo hasta las 5:58, cuando le dijo: "Ya me tengo que ir". Es decir, Diana había llegado a la casa de alguien conocido, en quien confiaba, ¿o tal vez un cibercafé? Era poco probable, pues Diana no llevaba dinero consigo.

La familia repartió volantes y pegó carteles con el rostro de Diana por toda la zona. Una persona aseguró haberla visto en las cercanías del sector XXI, en una tienda, con amigos. Eso dio argumentos para que las autoridades, en vez de buscarla, respaldaran la teoría de que "se fue por propio pie". Pero en casa sabían que no era así. Fernando, el hermano mayor de Diana, tenía pesadillas. Cuando caminaba por el puente peatonal donde había sido vista por última vez, creía mirar el cuerpo de su hermana entre las sombras de los pilares, o entre los desperdicios acumulados a los lados de la carretera: ¿era eso un brazo?, ¿la espesa cabellera de su hermanita? Cuando se acercaba, los objetos tomaban su forma: era una rama, era cascajo…

En Satélite, Mariana enviaba día tras día mensajes a la cuenta de Facebook de su amiga: "Hermana, sabes que conmigo puedes contar, a mí dime las cosas como son; por favor, comunícate conmigo. Nada más infórmame que estás bien y dónde estás y con eso me conformo". Su hermana no respondía. Algunos contactos de Diana intentaban comunicarse con Mariana. Le escribían algo así como: "¿Tú eres la hermana de Diana? ¿Sabes algo de ella?".

Conforme pasaron los días y Diana no aparecía, Margy se enteraba de las desapariciones de niñas en el área. Su propia hija había estado al tanto de ello antes de esfumarse. En uno de los mensajes privados de Diana, platicando con una amiga sobre las niñas extraviadas de la zona, ella misma manifestó su miedo a que le pasara algo.

Por esto y otros indicios los padres de Mariana hablaron con ella: "Mantente alejada de esto, no sabemos quién o quiénes hicieron esto. No hables con nadie", le pidieron a su hija. El ánimo de Mariana se fue en picada. Para el 2 de octubre de 2013 todos en su salón de quinto de primaria sabían lo que pasaba. Y ese mismo día secuestraron al padre de Sofía, una de sus mejores amigas de la escuela. Ambas niñas se refugiaron una en la otra. Finalmente el papá de la niña fue liberado, pero Diana no aparecía. Éste era el país en el que Mariana crecía: con su hermana desaparecida, con la violencia tan cercana…

Poco después, a mediados de octubre, Mariana empezó a soñar con Diana.

> Alguna vez la soñé en un jardín que tenía árboles, así, muchos árboles, pero como flores moradas que caían, y veía a Diana con un camisón blanco muy tranquila, así… Diana siempre traía pupilentes, y ahí ya no tenía pupilentes, ya no se maquillaba y se veía hermosa. E intentaba hablar con ella y ella me escuchaba y me

contestaba, pero yo no lograba escuchar su voz; entonces a mí me desesperaba. Y le decía: "Diana, háblame". Y me hablaba y la oía tan tranquila... La oía tan tranquila; me hablaba pero no alcanzaba a escucharla.

Otra vez soñé que había una puerta, bueno, como una cosa de cristal y unas cascadas... Y estaba mi mejor amiga. Sofía le decía: "Diana, Mariana te está buscando; mira, yo te enseño el camino, hay que regresar". Y Diana le decía: "No, yo ya no puedo regresar, Sofi. Dile a Mariana que la amo mucho". Y ya, desaparecía.[1]

"Mi amiga Sofía soñaba mucho con las personas que ya no estaban vivas", recuerda Mariana. En febrero de 2014 fue Sofía quien soñó a Diana con un ramo de flores. "Diana, por tu bien, regrésate conmigo, voy con Mariana", le pedía ella. Pero Diana respondía: "Es que hay una barrera que no puedo cruzar. Yo estoy bien, no te preocupes. Dile a Mariana que la amo".

Por esas fechas Margy llevó el caso a la PGR. Mientras, en el Estado de México las posibles pistas se perdían. Durante mucho tiempo, investigadores de la agencia de San Agustín aseguraron que no había cámaras en la calle en la que Diana fue vista por última vez. Pero en marzo de 2014, seis meses después de la desaparición, Margy descubrió que sí las había: algunas eran controladas por el municipio de Tecámac, otra era propiedad de una gasolinera y una más pertenecía al Oxxo frente al cual Diana probablemente caminó. Margy se movilizó para solicitar los oficios necesarios,

[1] Parte de la entrevista realizada a la amiga de Diana Angélica fue publicada en el reportaje de mi autoría "Despedir a una hermana" en *Pie de Página*, que forma parte del proyecto Mujeres ante la guerra (http://www.piedepagina.mx/mujeres-ante-la-guerra.php), publicado a partir del 15 de enero de 2017.

pero fue inútil. En el mejor de los casos los videos habrían sido conservados hasta por tres semanas.

Diana vivía en Ecatepec, así que el caso se encontraba en el Ministerio Público de ese municipio, directamente a cargo del fiscal Gerardo Ángeles. Pero todo parecía indicar que la niña había sido retenida o raptada en Tecámac. Margy pidió que el caso fuera trasladado a la Fiscalía Especializada en Combate a la Trata (con sede en Toluca), así que sostuvieron una conversación con la fiscal a cargo de esa dependencia, Guillermina Cabrera, quien ya llevaba los casos de Bianca, Yenifer y otras dos jovencitas desaparecidas.

—Tenemos muchos casos. Yo prefiero que éste se mantenga en Ecatepec. De cualquier forma el fiscal Ángeles y yo estamos trabajando juntos —dijo Cabrera.

Fue entonces que Margy conoció a Lety Mora Nieto, de la Red de Madres Buscando a sus Hijas, y decidió trabajar al lado de ella. La Red había sido formada unos años antes, por mujeres que se encontraban en situaciones similares: un familiar desaparecido y los oídos sordos de las autoridades. Pero juntas, en equipo, habían logrado empujar sus casos y hacerse oír. Con ellas, Margy recorrió los Semefos, miró fotografías de muertos, todo eso que ya no se puede *desver*. Si en efecto su hija estaba en esas fotografías, ¿la reconocería? ¿Tal vez por los dientes? Más tarde admitiría que se dedicó a examinar minuciosamente la sonrisa de su hija, sus dientes, sus colmillos chuequitos y encimados.

En una ocasión encontró en el Semefo de Texcoco vio los restos de una joven. En las fotografías, la chica parecía vivir en la calle; sus pies estaban muy sucios —tal vez por andar en la calle descalza—, pero se parecían a los de Diana. La enterraron en una fosa común sin aplicarle ningún examen de ADN. Ella exigió que le practicaran uno. Resultó que no era su hija, pero al menos así habría una prueba para que alguien identificara a la niña de los pies sucios.[2]

Margy apostó a la difusión. En las entrevistas en los medios de comunicación decía lo que muchos callaban: que había una red de trata operando en Ecatepec-Tecámac. Lo repetía en la prensa y en la televisión. Y cuando los medios dejaron de prestarle atención, ella siguió promoviendo su caso a través de las redes sociales, particularmente en su cuenta de Facebook. De esta forma Diana se convirtió en una imagen familiar en los sitios web que difunden casos similares. Era frecuente ver la fotografía con su carita aniñada, vestida con una camiseta rosa, sin mangas, y pantalones de mezclilla; con el Castillo de Chapultepec al fondo, durante el último paseo que hizo con su mamá, unas semanas antes de desaparecer.

"¿La has visto? Desaparecida en Ecatepec de Morelos, 1.56 de estatura. Complexión delgada, cabello oscuro ondulado, abundante. Ojos grandes, cafés. Señas particulares: cicatriz pequeña en ceja izquierda, perforación de *piercing* en la nariz, los dos colmillos superiores están encimados."

Margy difundía las imágenes de Diana y la de decenas, centenares de desaparecidos en el Estado de México y en el país. En respuesta recibía decenas de solicitudes de amistad, muchas de ellas de adolescentes y jóvenes de Ecatepec y Tecámac. Como en su momento le pasó a Mariana, la contactaban a través de Facebook para saber sobre Diana. Margy no bloqueaba a todos. Estaba investigando lo que había ocurrido con su hija y difundía el estado de las cosas en Los Héroes Tecámac. Para ello las redes sociales eran una importante fuente de difusión, de información... y de peligro. Sólo le quedaba examinar atentamente cada invitación.

[2] A la fecha no se sabe si ya fue identificada.

En una ocasión llegó la solicitud de Gaby, una de las chicas mencionadas en la investigación de Bianca Edith y a quien esta misma debía, a petición del *Mili*, "sacar de circulación porque estaba hablando de más y es novia de uno de los contrarios". Margy no sabía eso. Sólo le pareció una solicitud sospechosa que no aceptó.

2
LA SEVICIA

LOS PEQUEÑOS SÁDICOS

En 2009,[1] cada tarde, cuando regresaba de la secundaria, Daniel, *el Gato*, veía al *Mili* fumando afuera del negocio de su hermana, una lavandería localizada sobre Bosques de México, la calle principal de Los Héroes Tecámac. Daniel tenía unos 13 años y *el Mili* ya era un adulto, con 19, y siempre vestía uniforme militar. Quizá así se conocieron: compartiendo cigarros. Ese mismo año, Daniel conoció a Paco en la secundaria 214 (la misma a la que, al siguiente año, ingresaría Bianca Edith). Se hicieron muy amigos. Tanto, que Paco comía o cenaba seguido en casa de Daniel. Y es que Paco estaba siempre solo, y Daniel tenía, al menos aparentemente, un hogar más estructurado: una madre que cocinaba, un padre que vivía con ellos en la misma casa...

Sin embargo, sus amigos de la secundaria recuerdan que Paco era tranquilo, sociable, que no tenía demasiados problemas en la escuela. Lo recuerdan contando chistes o historias a todos en el salón. Era básicamente pacífico, excepto cuando se burlaban de él por ser muy alto, flaco y moreno. Ahí perdía el control. Aunque fuera de eso, era bastante templado. En cambio, *el Gato* siempre fue muy desordenado, era un par de años más grande que los de su salón, ya que iba rezagado en la escuela. Lo describen como violento, problemático...

[1] La narración sobre la vida de Daniel, Francisco y *el Mili* está reconstruida en su mayor parte a partir de tres testimonios anónimos. Algunos pocos datos fueron aportados en entrevistas con los abogados defensores y por algunos aspectos de las declaraciones ministeriales que rindieron.

A Paco se le veía a menudo deambulando solo por las calles de Los Héroes. Vivía con su hermana mayor y su mamá. Como ocurre en muchos hogares mexicanos, el padre era una figura ausente, que había pasado los últimos 12 años viviendo en Estados Unidos. (Quizá más tarde ésa habría sido la conexión emocional de Paco con *el Mili*, pues éste también venía de una familia sin figura paterna.) Así que Paco era "el hombre de la casa". Su mamá, Vianey, trabajó como policía durante algún tiempo y tenía muchos amigos policías en el municipio. Una cosa que llama la atención de Los Héroes Tecámac es la cantidad de vecinos que son policías estatales o municipales asignados al municipio o a municipios vecinos, o incluso activos en la Ciudad de México. De hecho, la pareja de Vianey en aquellos tiempos era policía municipal.

Quizá por ello, Paco quería ser abogado. Le atraía eso de impartir la ley. Por su parte, Vianey se hacía "amiga" de los cuates de su hijo; era querida por ellos. Muchos la consideraban una mamá "a todo dar". Se sentaba a tomar cervezas con ellos, pero siempre los sermoneaba sobre respetar a las mujeres. Cuando se realizaron los cateos, algo que llamó la atención de los ministeriales fue que en la casa de Paco había dos habitaciones. En una dormía la hija mayor, mientras que la otra era compartida por Paco y Vianey.

Daniel y Paco hicieron juntos primero de secundaria y luego pasaron a segundo. Fue entonces cuando conocieron a Bianca, la niña nueva del salón. Ella era carismática, por su sonrisa, por los hoyuelos en sus mejillas que se formaban cuando se reía. Pero sobre todo por su carácter alegre, enérgico, y sí, un poco fuerte. Paco la cortejó, pero ella eligió a Daniel. Bianca y *el Gato* se hicieron novios; incluso él pidió permiso a los padres de Bianca para andar con su hija. Ella también fue a la casa de él y conoció a sus padres. Luego Daniel le presentó a los Polonios, una banda que se juntaba en la calle de Bosque de Polonia para echar desmadre y jugar futbol. De esta banda hay fotografías en el expediente: entre ellos están Daniel y Bianca. Pero la relación duró muy poco, quizá un mes. Y luego *el Gato* abandonó la escuela a mitad de segundo año.

De los Polonios se escribió mucho en el expediente y en los medios. En la prensa, conforme se difundió el caso, fueron descritos casi como temibles delincuentes. Eran "los pandilleros de Polonia". Quienes los conocieron matizan: sólo eran chavos que se juntaban en la calle de Bosques de Polonia. De entre 16 y 19 años en aquel entonces; reventados, les gustaban las motos *tuneadas* o modificadas; un gusto importado probablemente de las pandillas chicanas. Se reunían a jugar futbol, a tomar cerveza; a pasear a sus perros; a poner a pelear a sus perros. Sí, de seguro muchos habrían consumido mariguana. Muchos se habrán emborrachado en la calle. Y entre ellos, sí, había alguno que otro delincuente: algún raterillo, pandillero de poca monta.

Actualmente, los Polonios deben tener entre 22 y 25 años. Un par de ellos están muertos; otros más abandonaron Los Héroes, pero la mayoría sigue ahí y ya son padres de familia.

En Tecámac había, y hay, banditas de chavos en cada esquina, y cada una adopta el nombre de su calle. Los Polonios crecieron de esa forma marginal en la que crecen los chavos en México: viviendo el aquí y el ahora. Con padres y madres ausentes y absorbidos en trabajos mal pagados; sin áreas verdes, sin seguridad, en escuelas marginadas y abandonadas por el sistema educativo, sin acceso a la cultura, sin poder pensar en un futuro. Éste era el caso de los Polonios: adolescentes y jóvenes de un barrio urbano popular.

Pero, volviendo a Paco, a finales de segundo de secundaria de nuevo cortejó a Bianca. Ella se enamoró de Lalo, un chico tres años mayor que ella, y Matadamas quedó como amigo, confidente, otra vez. Cuando mataron a un conocido en común, un integrante de los Polonios, se unieron más. Paco iba todas las tardes a buscar a Bianca, a llorar su pena. Y ella lo consolaba. Eran como hermanos. Los unía esa hermandad que da la adolescencia. Luego pasaron a tercero de secundaria.

En esa época fue cuando Paco se hizo muy cercano a Erick —de hecho vivían en la misma calle—. Todos coinciden en que eran muy cercanos. Tanto que Paco ya tenía llaves de la casa de Erick y le cuidaba sus perros pitbull cuando aquél estaba de misión en "combate al narcotráfico". Y es que al *Mili*, así como a Daniel y, en general, a muchos chavos de Tecámac, le gustaban mucho los pitbull.[2] Incluso se dice que armaban peleas de perros clandestinas en algunas casas abandonadas a las que se metían.

En algún día de 2011 Bianca conoció al *Mili* en una fiesta. Aunque se hicieron amigos, no se veían mucho. Algunas veces coincidían en fiestas, pero hablaban sobre todo por Facebook. Como mucha de la vida social de Bianca, ocurría más por la red social que en la vida real.

Por su parte, Paco se hizo novio de una de las mejores amigas de Bianca, Aylin. Pero seguía pretendiendo a Bianca. Y ella lo rechazaba con más razón ahora que era el novio de su amiga. Él solía "bromear" con Bianca pidiéndole que fueran novios; incluso lo hacía frente a Aylin. Todos reían.

[2] Esta parte fue extraída de una entrevista con Alejandro Melgoza, el periodista que ha indagado sobre la vida de los jóvenes en Los Héroes Tecámac.

Un día de enero de 2012, mientras jugaba futbol americano, *el Gato* conoció a un chavo al que todos llamaban *el Piraña*. De él no se sabe casi nada, salvo que era de la edad de Paco, unos 15 años, pero que parecía más grande; que era muy flaco, usaba rastas y expansiones en las orejas, y que no iba a la escuela. *El Mili* lo describió así: que se vestía siempre "muy fachoso", mugroso. Aparentemente no le gustaba eso de él. Otros dijeron que *el Piraña* tenía un carácter explosivo, inestable. En algún momento *el Gato* se lo presentó al *Mili*. En realidad, todos se conocieron por *el Gato*, ese chico de 17 años, más grande que Paco y *el Piraña* y que, todos dicen, era el que menos tuvo que ver con todo. Pero de alguna manera él fue el vórtice que unía y sobre el que los demás giraron: él presentó al *Mili*, que era militar y mayor que todos; a Paco, vinculado a los policías de la zona, y al *Piraña*, el desconocido de rastas que no iba a la escuela.

Por esas fechas, al *Mili* se le ocurrió reclutar muchachas con el fin de que vendieran droga para ellos, y así él y sus amigos empezaron a fantasear más y más: ellas serían sus subordinadas y accederían a tener sexo con ellos. *El Mili* pensó en una tal Gaby, y en Bianca, esta última "por ser *entrona*", carismática y además muy popular, pero también porque era vulnerable, porque se sentía sola. La propuesta coincidió con el hecho de que su mamá entró a trabajar de nuevo para aportar económicamente a la casa.

Luego Bianca desapareció. Pero la vida en la sexta sección de Los Héroes Tecámac seguía. Paco declaró entonces que ella había sido una promiscua, que andaba con todos. Y a Lalo, el novio de Bianca, le llegaban mensajes: "Eres putito, Bianca ya es mía..." Mas pervivieron las mentiras que Paco inventaba sobre ella. Todos la miraban ya con otros ojos, aunque fuera la víctima. Y en el imaginario de la gente, Bianca dejó de tener 14 años y estar ansiosa por su fiesta de 15 años, de querer estudiar psicología para trabajar con sus amigas, de tener un novio con quien tenía problemas, de ser una niña que amaba a su hermanito y a sus primos pequeños, y de ser la muchacha popular del grupo. Las mentiras de Paco se encarnaron en la memoria colectiva. Mientras tanto, *el Mili* iba a las fiestas de los amigos de ambos; incluso asistió a la comida de fin de año escolar de Paco, Aylin y Vane, aquel convivio al que Bianca ya no pudo ir: su propia graduación de secundaria. *El Mili,* en cambio, sí fue, acompañado de su futura esposa y madre de su hijo, otra chavita más joven que él. Ella, orgullosa, decía que *el Mili* se *la había robado* de casa de sus papás. Aquel día muchos padres de familia se sintieron incómodos: ¿qué hacía este militar, entre cinco y siete años más grande que sus hijos, que hablaba de armas y anécdotas de soldado, en las fiestas de niños de secundaria?

Pero la vida seguía. Y Bianca fue, por fin, hallada en una fosa común. Violada y torturada. Un caso similar en Argentina sacó a millones a las calles a protestar. Pero aquí no pasó nada. El feminicidio de Bianca, entonces impune, fue remplazado por la siguiente historia de horror contra las mujeres. Y en la zona siguieron desapareciendo muchachas...

Con el tiempo, Daniel consiguió trabajo como lavacoches, y luego como vendedor de chilaquiles. Le gustaban los perros imponentes —a los chavos de Los Héroes les gustan bravos— y se hizo de dos ejemplares de ataque. Conoció a una chica de mirada dura e invariable y se la llevó a vivir a su casa, con sus padres. Se llevaba bien con vecinos y amigos. En su muro de Facebook escribía mensajes de amor, aunque después diría que él ya no tenía acceso a su cuenta, que el control lo tenía *el Mili.* Que *el Mili* le había encomendado atraer muchachas, que como Daniel era el del carisma (del que carecían tanto Paco como *el Piraña*), a él le tocaba *proveer de chicas.*

A los 19 años por fin logró terminar la secundaria en el Instituto Nacional para la Educación de los Adultos. Decía que quería seguir estudiando, que quería ser enfermero.

Llegó el 14 de septiembre de 2013. Bianca hubiera cumplido 16 años. Pero los amigos sólo podían enviarle mensajes por Facebook, en esa vida virtual que tanto le gustaba a ella. Y así lo hicieron. Aunque llegaron menos mensajes que el año anterior. Así pasa con los desaparecidos, con los muertos: la vida sigue, no se congela. Los amigos, los hermanos por los que Bianca daba la vida, seguían creciendo, y para algunos Bianca se volvía sólo una memoria, una memoria además amarga y triste, a la que era difícil volver.

Meses más tarde, el 12 diciembre de 2013, Paco escribió en su muro de Facebook un críptico mensaje, el último que hizo en esa red social:

> aora si nos cargó la chingada a todo mundo
> ptm
> no mms que pedisimos vienen camino
> dios por favor no me dejes solo ni ami ni amis
> seres queridos

¿Ya sabía que iban por ellos?

Algunas personas piensan que sí.

Un mes después, el 14 de enero de 2014 (tres días después de que cumpliera 24 años), Erick San Juan Palafox, *el Mili*, fue aprehendido en el estado de Tamaulipas, mientras cumplía funciones como militar en activo, "combatiendo el narcotráfico".[3]

[3] Otras versiones sostendrían que fue detenido llegando a la Ciudad de México, en el aeropuerto.

Los judiciales mexiquenses fueron hasta allá por él. Y más tarde Erick denunciaría tortura cometida en su contra. Específicamente señaló a la agente del Ministerio Público Sayonara Encarnación.

EL MILI

El 15 de enero de 2014, a unos días de haber cumplido 24 años, Erick San Juan Palafox, *el Mili*, rindió su primera declaración. Narró que Daniel, *el Gato*, fue quien le presentó a Francisco Matadamas. Que los tres se hicieron muy amigos y se la pasaban bebiendo en casa de Paco o de Daniel. Que conoció a Bianca a inicios de 2011, también por Daniel. Pero en declaraciones posteriores explicaría que en realidad la vio pocas veces y que su amistad transcurría principalmente por Facebook.

Contó también que Paco le presentó a otra persona, a quien se refirió como "Pascual", si bien éste no era su verdadero nombre...

En este punto su defensor público interrumpió la declaración y pidió unos minutos a solas con su defendido, ya que, enfatizó el litigante, el tema de "Pascual" no estaba involucrado en el homicidio de Bianca. Pero *el Mili* reanudó con Pascual: dijo que habría sido ese Pascual quien les dio la droga para comenzar el negocio (posteriormente hubo otra versión: que el negocio comenzó con la droga que *el Mili* extraía del área de decomisos en el Campo Militar Número Uno, aunque más tarde los hurtos del *Mili* ya no darían abasto a la demanda. ¿Cuál sería la verdad?). Que para abril de 2012 decidieron contactar a dos chicas para que les ayudaran a vender: Gaby (una exnovia del *Mili*) y Bianca. Que ellas aceptaron, pero hablaban de más, "corrían el chisme en las calles", y entonces *el Mili* les lanzó una advertencia. Que luego ordenó a Paco que le diera "un escarmiento" a Gaby —pero que jamás la mandó matar— y "un susto" a Bianca. Y que fue así como a principios de mayo de 2012, "sin poder precisar la fecha exacta", supo que Daniel y un individuo al que sólo conoce como *el Piraña*, sacaron a Bianca de una fiesta y al día siguiente, muy temprano, Paco —muy ebrio— y Daniel llegaron a su casa, que en aquel entonces estaba en la calle de Bosques de Viena número 85, departamento 2, en Cedros Tecámac.

Según la declaración del *Mili*, Paco le dijo al entrar:

—Ya estuvo lo de Bianca, pero en la madrugada nos encontramos al Pascual.

El Mili no le dio importancia porque ya se iba para el trabajo, así que sólo le respondió a Paco:

—Sí, está bien, pero ya vete para tu casa porque ya te vino a buscar tu mamá.

Erick declaró que un mes después Paco le confesó que entre él, Daniel, *el Piraña* y Pascual habían matado a Bianca dentro de una casa abandonada en la Sección Flores de Los Héroes Tecámac y luego habían ido a deshacerse del cadáver en una camioneta Ford Explorer color azul, propiedad del *Piraña*. Añadió que éste (a quien apenas unos renglones atrás había dicho que casi no conocía) le había mostrado en mayo[1] algunas fotografías de los restos de una mujer en bolsas, pero que él nunca supo de quién se trataba.

Afirmó a continuación que Paco, Daniel y *el Piraña* habían matado a "otra chamaca" a la que conocía como *la Peque*. Su cadáver lo abandonaron en una caseta de vigilancia de la quinta sección de Los Héroes Tecámac. Dijo conocer a un narcomenudista, *el Montoya*, quien, junto a otro tipo apodado *el Mono*, mató a otra muchacha en la colonia Montes B, en Ecatepec de Morelos, cerca

[1] En la declaración no queda claro si es ese mayo de 2012, o el siguiente.

de la colonia Los Ángeles. Declaró que también se enteró de que Pascual había "levantado" a otra más a la altura de la panadería La Esperanza, ubicada sobre avenida Mexiquense, y que también "la mataron sin saber quién la ejecutó". Dejaron su cuerpo a la altura de Ojo de Agua, Tecámac.

> También se enteró de que *la Piraña* y Daniel Jaramillo habían levantado a otra chamaca a la altura de Bosques Cedros entre los meses de junio y julio de 2012, de la que abusaron sexualmente de ella y la mataron machucándole dedos, piernas, brazos y cabeza con piedras, terminando por dejarla hasta atrás de las unidades habitacionales de Héroes de Tecámac, que un sujeto al cual conoce como Dorian, que es policía del Distrito Federal, junto con Paco y otro sujeto al cual conoce como Julio, habían matado a una chamaca de la cual también abusaron sexualmente y que la habían ido a tirar a la altura del puente de San Luis, en la autopista que va hacia Tizoyuca [*sic*], Hidalgo [esto coincidiría con una de las muchachas asesinadas de forma similar a la de Bianca], que el entrevistado sí conoce físicamente al que responde al nombre de Julio, quien es una persona morena, que tiene un vehículo March color gris y una motoneta Itálika color azul, y que se hacía pasar como policía, porque siempre tenía una placa y era muy amigo de Paco e incluso lo visitaba en su domicilio, que sabe que los mensajes que estuvo recibiendo la mamá de Bianca los mandaba Daniel, porque éste fue quien se quedó con el teléfono de Bianca, ya que el entrevistado le llegó haber [*sic*] el teléfono de ella, que el entrevistado no tuvo nada que ver con los homicidios, que empezaron a vender mariguana y el entrevistado recibía de 30 a 40 pesos por cada venta que hacían, que el entrevistado se fijó en Bianca para que fuera la jefa de las mujeres que vendían droga porque tenía voz de mando e iniciativa y ella

decía "sí, yo le atoro", y que las mujeres a las que iba a liderar eran A., A., J.[2] y Gaby, y que las demás eran las que iba seleccionando el propio Paco, pero que ellas no llegaron a vender porque sólo se dedicaron a lo que se llama alconear [*sic*], vigilar. Que en relación a Pascual, éste tiene entre 30 y 35 años de edad, y puede ser localizado en la sexta sección de Los Héroes Tecámac, sin poder precisar domicilio exacto, pero se estaciona frente a una tienda autoboutique en un Corvette color negro y tiene la siguiente media filiación: estatura, un metro 80 centímetros, complexión fornida, tez morena clara, pelo corto, quebrado y color negro, frente amplia, cejas semipobladas, ojos no los puede precisar, nariz recta, boca mediana, labios gruesos, barba delineada en una sola raya, no puede precisar mayores características [...] Que dentro de su actividad contaban con el apoyo de varios policías estatales, ya que al señor Jesús, papá de dos amigos del entrevistado, a los cuales conoce como Shaca y su hermano Shaquita, lo *faranguearon*[3] fuera de su domicilio en la calle de Turquía alrededor del mes de octubre de 2012, y éste era policía estatal [esta información es real]. Asimismo, contaban con el apoyo de José Ramón,[4] quien es otro policía estatal, quien les avisaba cuando iban a hacer operativos o iba a llegar alguna otra autoridad al lugar y [...] este policía le daban por sus servicios el refresco y la comida, que es por el momento todo lo que desea manifestar.

Hernández Lara fue el único policía señalado con nombre y apellidos completos por los detenidos. El nombre aparece en otras partes

[2] Se omiten los nombres porque eran menores de edad al momento de los hechos y porque ante los hechos resultan víctimas de trata de personas en su modalidad de reclutamiento para el crimen organizado.
[3] Rafaguearon.
[4] Se omiten apellidos.

del expediente y en los expedientes de otras muchachas desaparecidas de la zona. Por ejemplo, José Ramón fue el policía que sin estar asignado al caso se acercó a la madre de S. Hasta la fecha esta línea de investigación no se ha desahogado, ni tampoco queda claro si, en el caso de Bianca, el nombre más bien fue "sembrado" por alguna autoridad para amarrar los casos.[5]

⋆ ⋆ ⋆

Como *el Mili* había sido arrestado en Tamaulipas, durante algunos días su familia y amigos creyeron que continuaba en el servicio. No sabían que ya se encontraba declarando, y mucho menos que la policía buscaba a los tres adolescentes implicados. De este modo, el 17 de enero de 2014, alrededor de las cuatro o cuatro y media de la tarde, Paco se despidió de su mamá y le dijo que iría a ver a Daniel[6] (aunque en otras versiones diría que saldría a ver a su novia). Caminaba a la altura de la escuela Andrés Henestrosa cuando en la esquina lo detuvieron personas vestidas de civil y se lo llevaron en una camioneta blanca. Hubo testigos, así que inmediatamente llamaron a Vianey, su madre. Aquel día, a ella se le vio en muchos lugares de Tecámac buscando y llorando, clamando por que le regresaran a su hijo "como fuera", vivo o muerto. Hay quien dice que en principio culpó a un tal Mario, narcomenudista y traficante de armas de Tecámac. Pero Vianey también confrontó a los padres de Daniel; pensaba que lo habían "puesto",[7] porque Paco llevaba *punta* y pistola. Pero los padres aseguraron que

[5] En ello coinciden tres testigos anónimos entrevistados para este trabajo. Se omiten sus nombres por seguridad.

[6] De acuerdo con gente cercana a Daniel.

[7] Es decir, que lo habían delatado ante las autoridades.

Daniel no se la había vendido. Vianey, que hasta entonces llevaba una relación cordial con ellos, los amenazó, y luego se retiró.[8]

A los pocos días se supo que no lo había *levantado* ninguna banda rival, sino policías vestidos de civil, por el "asunto" de Bianca. También había sido detenido Ricardo, *el Piraña*. La mamá de Paco quizá concluyó que Daniel los había entregado, pues cuando éste alcanzó a los detenidos en la granja tutelar, seis meses después, él y su hijo ya eran enemigos a muerte.

No se sabe qué pasó durante el tiempo que Paco y *el Piraña* estuvieron detenidos sin dar aviso a familiares, pero ambos denunciaron tortura, y firmaron declaraciones en las que se inculpaban. La de Francisco tiene fecha del 17 de enero de 2014.

[8] Narrado por testigos que pidieron el anonimato.

PACO

Francisco dijo que había conocido a Erick San Juan Palafox a inicios de 2011 a través de su amigo Daniel, *el Gato*. Admitió, sin precisar en qué fecha, que juntos los tres comenzaron a vender mariguana dentro de la escuela secundaria 214. La droga se la daba Erick a Paco y éste la guardaba en bolsas en el jardín trasero de su propia casa.

En esa primera declaración dijo haber participado en el asesinato de 12 mujeres y cinco hombres. Dijo que su primer crimen fue el feminicidio de una menor de edad a la que conoció con el sobrenombre de *Güerita Liverpool*, una chica que se juntaba con la banda de los Panamiur. Según sus palabras, les caía mal por presumida, porque alardeaba de tener dinero. Paco, *el Gato* y *el Piraña* la *levantaron* en febrero de 2011 cerca del metro Oceanía, la violaron, mataron y tiraron su cuerpo dentro del canal de aguas negras conocido como el Gran Canal (o Río de los Remedios).

Después vino el feminicidio de Bianca, a quien mataron por órdenes de Erick San Juan Palafox, *el Mili:*

> Quien textualmente les dijo: "Quiero que le rompan su puta madre por andar hablando de más", y que fue Daniel quien sacó a Bianca de su domicilio y que primero se fueron a una fiesta [de la que no hay registro alguno; la mamá de Bianca cree que no hubo tal fiesta y sólo se trató de una reunión entre los inculpados]. Más tarde la llevaron a una "casa de seguridad" ubicada en la Sección Flores

de Héroes de Tecámac, de la que no puede proporcionar el domicilio exacto.[1]

Dijo que en la casa de Las Flores, Paco y Daniel golpearon a Bianca hasta desmayarla; luego *el Piraña* la desnudó y Paco la amarró de manos y pies con un cordón de cortina. Daniel y *el Piraña* la violaron; Paco y Daniel le mordieron ambos pechos; *el Piraña* le colocó papel de baño con solvente en la nariz y dijo: "Ya que le gusta tanto la mona pues que se muera feliz", posteriormente le metió papel con solvente en la vagina y en la boca para no dejar huella.

Dijo que hubo otras personas involucradas: un hombre conocido como Pascual estaba ahí. Según la versión de Paco, Pascual era amigo de Erick, se hacía pasar por policía y les surtía de droga. En la declaración del *Mili*, Paco fue quien le presentó a Pascual. Pero ambos coinciden en que estuvo ahí. Y tal vez esa presencia fue detonadora, ya que, según *el Mili*, Paco le dijo aquella madrugada del 9 de mayo: "Ya estuvo lo de Bianca, *pero*[2] en la madrugada nos encontramos al Pascual".

… *Pero* en la madrugada nos encontramos al Pascual…

En este punto Paco aparentemente cambia de tema, añade que, además de Pascual, dos "policías militares" proveían de droga al *Mili*. Refiere que los conoce como Alan (quien fue llamado a declarar después, en el juicio del *Mili*, pero sólo como testigo) y *el Muerto*. Luego regresa a lo de Bianca: una vez muerta, *el Piraña* la vistió de nuevo y Daniel y *el Piraña* la subieron a un automóvil modelo shadow,[3] propiedad del *Mili*, y más tarde la tiraron. Paco

[1] Declaración de Francisco Matadamas, 17 de enero de 2014.

[2] Las cursivas son de la autora.

[3] *El Mili* tenía un shadow rojo, pero fue vendido. Esta investigación no pudo acreditar si la venta ocurrió antes o después de los hechos referidos.

no supo dónde, ya que en ese momento, alrededor de las cinco de la mañana, se dirigía a la casa del *Mili*, en Bosques Tecámac. "Ya le pusimos su correctivo a Bianca", informó al *Mili* al llegar.

A la tercera chica asesinada la conocieron en un antro conocido como Foto Rock, ubicado en la sexta sección de Los Héroes Tecámac. A ella Daniel y *el Piraña* la violaron y la destazaron, y finalmente botaron su cuerpo en el basurero de Chiconautla. A la cuarta muchacha la levantaron afuera de ese mismo bar; también la violaron y golpearon y la tiraron en un baldío cerca del fraccionamiento Real del Cid, y la estación de Bomberos. Aquí Paco se interrumpe de nuevo... y afirma que era *el Mili* quien gozaba golpeando a las mujeres. Las pateaba con sus botas de militar, aunque a veces usaba un bóxer o piedras: "Lo hacían porque tanto *el Mili* como *el Piraña* son necrofílicos: ellos disfrutan hacer el sexo con los muertos".

La quinta asesinada fue una joven que *levantaron* en la colonia Jardines. La sexta, una novia del *Mili* a quien Paco conoció con el nombre de Samantha (Montserrat), alumna de la secundaria 225. Según la declaración, *el Mili* primero la llevó a trabajar como prostituta a la Ciudad de México, en la Merced. Pero cuando la familia denunció el secuestro de la menor la regresó a su casa para después matarla como a todas las demás. Más tarde se constató que efectivamente *el Mili* tuvo una novia que se llamaba Montserrat, pero la joven se encontraba viva en su casa.

La séptima víctima fue una muchacha que vivía en Chiconautla, a la que apodaban *la Fresita* y a la que el propio Paco mató de un balazo en la cabeza, en ese mismo poblado. La octava fue otra exnovia del *Mili*, de nombre Blanca, que vivía por el Río de los Remedios. A ella *el Mili* la mató ahorcándola. La novena fue una exnovia de Daniel, que presuntamente se llamaba Esmeralda, y que también vivía cerca del Río de los Remedios; a ella la levantaron *el Gato* y *el Piraña*, tras lo cual Paco se enteró de que se deshicieron del cuerpo por la zona de Ozumbillas. La décima fue otra exnovia del *Gato*, a quien conocían como Ruby, porque siempre usaba aretes de pedrería roja. A ella la violaron y la destazaron, para luego deshacer su cuerpo en ácidos; todo, dijeron, por "meterse" al mismo tiempo con *el Gato* y *el Piraña*. A la undécima la levantó *el Mili* porque era su amante en Jardines de Morelos. Por último, la duodécima al parecer se llamaba Lesly y era amante del *Gato* y *el Mili*. A cuatro de ellas las tiraron al Gran Canal: a *la Renta, la Liverpool, la Nalga* y *el Dulce*.

Francisco Matadamas también dijo en su declaración que había otras víctimas. *El Piraña*, Daniel y un amigo de éste llamado Julio, apodado *el Puerco*, mataron a otras mujeres, pero él no sabía cuántas o quiénes. A la pregunta sobre la identidad del tal Julio, contestó que nunca tuvo amistad con él, ya que no lo soportaba por engreído. Sólo confesó que el individuo se hacía pasar por policía, que siempre traía en el pecho una placa de oficial y que tenía un amigo, éste sí policía del Distrito Federal, quien también participaba en estas matanzas. Además, narró Paco, *el Mili*, Alan y *el Muerto* hacían lo propio en la zona de Naucalpan, en los alrededores del Campo Militar Número Uno, donde trabajaban.

Sobre los asesinatos de hombres, Paco dijo haber participado en cuatro. Contó que en una ocasión acudió con *el Mili* a una fiesta en Jardines de Morelos. Era la celebración de una pandilla, los Mexican Crazy Mr. Ahí, *el Mili* se molestó con un sujeto apodado *el Dólar* y Paco lo mató de un balazo. Después mataron a unos gemelos, también de Jardines, porque les debían 10 mil pesos de droga; a ellos los fulminaron de un balazo en la cabeza en Ampliación Izcalli, una colonia cercana al centro de San Cristóbal Ecatepec.

Aquí Paco perdió la cuenta. Habló de un tercer homicidio, cuando en realidad era el cuarto, un "ajuste de cuentas" en el que *el Mili* mató a un sujeto conocido como Máximo, de Jardines de Morelos. Esto ocurrió en un lugar conocido como La Bomba, donde Daniel le cortó la garganta al sujeto. El cuarto (quinto) homicidio tuvo como víctima a un sujeto que Paco identifica como *el Diablo*, a quien mataron de un balazo en la cabeza en el lugar conocido como Mercado los Cinco Elementos[4] porque supuestamente "era el chingón de la Sur 13"... Aunque no está confirmado, este sujeto pudo haber sido el mismo *Diablo* que Paco acusó de relacionarse con Bianca en sus declaraciones de 2012,[5] pues, en efecto, *el Diablo* de la Guadalupana, el de la hummer amarilla, y al que vinculaban con ritos satánicos o mayombe, ya había sido asesinado en esas fechas y era un crimen sin resolver. Meses después, además, surgiría otra versión: que al Diablo lo mató otra persona, un tal *Charly*, otro feminicida serial que luego acapararía la prensa nacional...

[4] Probablemente se refiere al mercado que se encuentra en la Sección Elementos de Jardines de Morelos (a unas cuantas cuadras del que sería otro lugar clave de desapariciones de muchachas y epicentro de hallazgos de restos descuartizados). El lugar es conocido como el Mercado de Elementos.

[5] *Cf.* la declaración anterior de Paco.

EL PIRAÑA

Ricardo, *el Piraña*, entonces de 17 años (tenía 15 al momento del feminicidio de Bianca), fue el último en declarar. Lo hizo el 18 de enero de 2014, un día después que Paco. Dijo que empezó a vender mariguana a inicios de 2012 porque sus amigos Francisco y Daniel le presentaron a Erick, *el Mili,* quien habló incluso de formar un cártel, al cual nunca nombraron, que sería dirigido por *el Mili*, "ya que este era quien conseguía la mercancía". Declaró que también vendían peyote, hongos alucinógenos, cocaína y "cuadros" (refirió que éstos son unos papelitos que se deshacen en la boca y que también son droga; aunque no lo expresa, probablemente se refiere al LSD), todos los cuales él mismo consumía, aunque prefería los cuadros, la mariguana, el peyote y el alcohol, y en ocasiones llegaba a consumir todos juntos. Confesó que *el Mili* le pagaba hasta cuatro mil pesos por semana por vender la droga, dinero que se gastaba en la misma mercancía.

Un día, sin que Ricardo pueda recordar la fecha exacta, *el Mili* les habló para que se juntaran en su casa, que en ese entonces estaba ubicada en la calle Bosques de Viena (Ricardo no pudo recordar el número exacto, pero afirmó que era un departamento cercano a la casa de Paco), y les dijo que empezarían a reclutar mujeres para vender mariguana y tener sexo con ellas. Así fue como engancharon a algunas jóvenes. Cuando comenzaron a tener problemas con ellas, "porque algunas robaban y eran soplonas", primero las llamaban a la casa del *Mili*, donde hablaban con ellas; como no entendían, decidieron matarlas. *El Piraña* declaró también que algunas de estas mujeres eran parejas o novias de integrantes de otras bandas, como los Gogas, los Argentinos o los Polonios, y que era esta última banda la que más frecuentaba *el Mili*. Aunque las bandas más fuertes eran los ADKN y los conocidos como los de Bolivia, con los que tuvieron algunos problemas.

En la versión de Ricardo, la primera mujer que mataron, cuyo nombre no recuerda, fue levantada en avenida Cedros. La llevaron a un terreno cerca del Gran Canal, donde hay un puente, y la metieron en un hueco donde había unas lonas. Declaró que en esa ocasión el primero que la violó fue un policía estatal de nombre José Ramón, que era muy amigo del *Mili*, enseguida Paco, luego él mismo y finalmente *el Gato*. Quien levantó a esa mujer fue presuntamente José Ramón H. L., quien se acercó a ella para decirle que "estaba fumando mariguana en la vía pública, que eso era delito y que la iba a presentar ante el MP"; entonces la esposó, la subió a la patrulla y la llevaron al lugar indicado anteriormente. Después la golpearon con piedras, palos y tubos, y terminaron por dejarla muerta en ese lugar.

La segunda víctima respondía al nombre de Vianey, una joven que vendía drogas con ellos, pero a quien siempre le faltaba parte del dinero de la venta cuando le pedían las cuentas y quien al poco tiempo "empezó de soplona; andaba diciendo que habían empezado a organizar su cartel". Así que la levantaron en los alrededores de un mercado, cerca de la secundaria número 228, y después se la llevaron al *Mili*, quien les dijo: "Está hablando y nos está robando". *El Piraña* declaró que por instrucción del *Mili* la trasladaron a una casa que tenían en Jardines, para lo cual usaron la camioneta Ford Explorer verde propiedad de su padre, quien es ingeniero de la empresa Cometra. Aseguró que Paco y *el Gato* la subieron a la camioneta y que condujo él mismo; al llegar, metieron a la casa a Vianey, la sentaron en una silla, la amarraron de manos y pies y le golpearon las manos con un tubo y un palo, para luego desnudarla y violarla. Narró que luego él y Paco la mordieron en los pechos y que él la estuvo ahorcando durante un rato; que aún estando viva, entre los tres le cortaron las orejas, tras lo cual la víctima se desvaneció. Fue en ese momento cuando él salió del cuarto en el que estaban para tomar alcohol y fumar mariguana, y cuando regresó intentó entrar a la habitación, que parecía estar bloqueada desde dentro; en el acto salieron rápidamente *el Mili* y *el Gato*, y entonces *el Piraña* se percató de que Vianey ya estaba muerta. Al darse cuenta de que la joven había fallecido, *el Mili* vistió de nuevo el cuerpo (siempre era quien lo hacía), y entre los tres le pusieron piedras en los brazos y en las piernas, le introdujeron los pies en botes con cemento y condujeron de nuevo hasta el Gran Canal para tirar su cuerpo desde el puente.

De la tercera víctima no recuerda el nombre, pero asegura que vivía cerca de la casa de Paco. *El Piraña* declaró que la levantaron en un auto que les había dado el policía de nombre José Ramón, que conducía *el Gato* en ese momento, un Tsuru entre negro y azul. La joven estaba saliendo de su casa cuando ellos se estacionaron; Paco descendió del vehículo y cuando estuvo cerca de ella la subieron al auto y se la llevaron a la casa de Jardines, donde le hicieron lo mismo que a Vianey. La confrontaron: "No te hagas pendeja, nos estás robando y andas de soplona". Ella se puso nerviosa, así que le pusieron una venda en los ojos; luego la violaron entre él, Paco y *el Mili* mientras aún estaba en la silla (*el Gato* no participó esa vez porque se encontraba chateando con otra mujer desde su celular). Luego de ultrajarla, *el Mili* le cortó la mitad de la oreja y *el Piraña* se ofreció a terminar de cortarla. Al igual que a

Vianey, a esta víctima también la vistieron una vez muerta, pero *el Piraña* no supo dónde arrojaron su cuerpo *el Mili* y Paco.

La cuarta víctima fue una chica que les robó mariguana para dársela a sus amigos, así que *el Mili* les dijo que la mataran. *El Piraña* tampoco sabe cómo se llamaba ella, pero recuerda que la secuestraron en el Foto Rock. Él y *el Gato* le pusieron un tranquilizante en su bebida, y cuando ella empezó a sentirse mal, le dijeron que la iban a llevar a su casa. *El Gato* abrió la camioneta de su papá, la metieron a ella ya dormida y entre los dos se la llevaron a un terreno baldío ubicado entre la Escuela de Deporte y el Gran Canal, donde la agredieron. *El Gato* fue quien la mató. Luego, entre él y *el Piraña* la hicieron cachitos con un machete y la metieron en bolsas de plástico negras a las que introdujeron cosas pesadas y cemento para que se hundiera.

La quinta víctima fue Bianca Edith Barrón Cedillo, quien les debía 3 500 pesos derivados de la venta de drogas. *El Piraña* declaró que fueron por ella a su casa y de ahí se la llevaron primero a casa del *Mili*, donde le taparon los ojos y la boca antes de trasladarla a la casa de Jardines a bordo del tsuru que les proporcionó el policía José Ramón.

La sexta víctima fue una muchacha que *el Mili* y Paco conocían. *El Piraña* refirió que se la llevaron en la camioneta de su padre hasta el fondo de Bosques, donde la amarraron. Aseguró que no supo cuándo la mataron, pero que una vez fallecida también arrojaron su cuerpo al Gran Canal, aunque en un sitio distinto. Confesó también que a la séptima víctima se la llevaron entre él, Paco y *el Mili* a la casa de Jardines en el tsuru…

⋆ ⋆ ⋆

El Piraña fue quien más detalles dio sobre los supuestos asesinatos, y los investigadores a cargo decidieron que aquél y *el Mili* eran los más sádicos del grupo (necrofílicos y sádicos, pues *el Mili* incluso planeaba empezar a secuestrar niños). Pero la información no fue contrastada con las pocas evidencias disponibles. *El Piraña* también mencionó algunos nombres de las muchachas desaparecidas o secuestradas de la zona como parte de sus víctimas. Pero los detalles que proporcionó no coincidían ni con las circunstancias ni con la fecha de los casos, por lo que aparentemente esta y otra información podría haber sido sembrada en su declaración y en el expediente.

Finalmente, otra cosa que destacaba de las declaraciones era el hecho de desprestigiar a las supuestas víctimas: al igual que Paco había dicho de Bianca, todas habían sido novias o amantes de algún pandillero, o se habían "metido" con dos al mismo tiempo, o vendían drogas, o eran soplonas... Algunos familiares de desaparecidas de la zona que tuvieron acceso a esas declaraciones, simplemente concluyeron que las declaraciones no eran pistas reales, pero, al igual que los padres de Bianca, tuvieron que lidiar contra las difamaciones contra sus hijas. No importaba que ellos probaran que sus hijas jamás conocieron a estos jóvenes. En la prensa y en las conversaciones quedó la idea de que todas habían sido amigas, o consumían droga.

Más tarde, los jóvenes fueron escoltados por la policía para que señalaran los principales lugares donde secuestraban muchachas o las desaparecían. Un sitio fue recurrente: el Puente de Fierro, una histórica construcción diseñada por Gustave Eiffel (el creador de la torre Eiffel, en París) y que cruza el Río de los Remedios, justo a la altura de la cuarta sección de Los Héroes Tecámac. El puente, ahora revestido con una cubierta de plástico horrorosa, es un centro cultural, pero por las noches es un paraje muy solitario. Los jóvenes contaron que debajo de esa construcción violaban a sus víctimas, y que desde allí las arrojaban al canal. Pero esa vez tampoco hubo investigaciones que se hicieran de evidencia científica, o, si las hubo, no rindieron fruto.

★ ★ ★

El 17 de febrero de 2014 la procuraduría mexiquense emitió un comunicado de prensa en el que informó que tres personas fueron detenidas por el asesinato de una menor de edad; omitió el nombre de dos de ellas, por ser todavía adolescentes, pero reveló el de Erik San Juan Palafox, *el Mili*, de 24 años.

Al día siguiente comenzaron los dragados en el Río de los Remedios. Con una pala mecánica removieron el fondo de algunos tramos del Gran Canal a la altura de Los Héroes Tecámac. Hombres con chalecos manipulaban la pala y escarbaban entre el lodo; también removían la costra de basura que se ha formado a lo largo de años y años, junto a ambas orillas. La operación fue comandada por una mujer robusta, de expresión amarga, la agente Sayonara Encarnación. Los dragados fueron mantenidos en silencio; sin embargo, las madres de mujeres y niñas desaparecidas se enteraron de lo que la pala mecánica buscaba cuando les pidieron muestras de ADN para compararlas con los restos encontrados.

Meses más tarde, el 11 de julio de 2014, Daniel, que entonces ya tenía 19 años —era el único de los dos adolescentes que había alcanzado la mayoría de edad—, no regresó de su puesto de chilaquiles a la hora acostumbrada. La familia lo buscó de manera frenética, hasta que al día siguiente, recibió una llamada por parte de las autoridades: su hijo se encontraba en el penal de Zinancatepec. Sus familiares llegaron al lugar.

—¿Por qué está aquí? —inquirió desesperada la madre.

—Por el homicidio de Bianca Edith Barrón Cedillo.

—Él no mató a Bianca.

—Mire, señora, yo le creo. Pero ya está aquí.

En el momento en que la familia localizaba a su hijo, éste ya había hecho su primera declaración ante el Ministerio Público.

El 13 de julio (dos días después de la detención y el mismo día en que la familia supo dónde se encontraba) Daniel aseguró que la noche del 8 de mayo de 2012 había estado con Bianca y Paco en una fiesta, y que Paco le propuso a Bianca vender droga para *el Mili*, y le aseguró que con ello viviría "como una reina". Contó que ella aceptó y que, al terminar la fiesta, la dejaron en su casa. Que ellos ya iban rumbo a sus respectivas casas cuando se encontraron al *Mili* y *el Piraña* en un shadow rojo y *el Mili* les ordenó que fueran por Bianca. Entonces regresaron a la cerrada donde ella vivía, *el Mili* le gritó y ella salió. Desde ese punto todo ocurre más o menos igual que en las otras declaraciones: llegaron a una casa de seguridad en Las Flores, la golpearon, ella perdió el conocimiento, la agredieron. En su versión, Daniel aseguró que trató de defenderla, pero *el Mili* lo amenazó con una pistola. "No pude hacer nada", asentó en su primera declaración.

A Daniel se le atribuyeron los mensajes de celular que la madre de Bianca recibía. Él diría en posteriores declaraciones que *el Mili* lo obligaba a enviarlos. Luego, que los escribían entre él y Paco. Pero los aparatos de celular jamás fueron localizados. Daniel alegó que mantenían comunicación con los padres para evitar que buscaran a su hija, pero algunos de los policías a cargo de la investigación tienen otra teoría: enviaban mensajes por puro sadismo, para jugar con la esperanza y la desesperación de los padres. Soltar pistas o indicios de vida, y después narrar golpizas y violaciones era sólo una forma más elaborada de tortura para los familiares de su víctima.

Por esas fechas se hizo una inspección en el domicilio del *Mili*; no hallaron nada. Buscaron el shadow rojo, pero ya había sido vendido. Los agentes catearon el referido domicilio de la Sección Flores, y sólo encontraron la casa vacía y recién pintada; sólo, convenientemente, recuperaron un cordón como los que se usan para las cortinas, pegamento PVC y algunas manchas de sangre en la pared, sangre sobre la pintura nueva. Cuando se solicitó hacer pruebas de genética a la sangre, los peritos alegaron que no tenían reactivos para realizarlas. Con el tiempo salieron a la luz más propiedades vinculadas al *Mili* y a la delincuencia organizada de Tecámac. Los adolescentes detenidos no dejaban de hablar y hablar con investigadores y añadían nuevos detalles; ellos referían al menos cuatro domicilios vinculados a hechos criminales. Los Héroes ha sufrido un proceso de abandono. Muchos dueños han dejado sus casas por la inseguridad de la zona, así como por la precariedad de las construcciones y su mala calidad. Así que se volvió una práctica común por parte de los grupos delincuenciales invadir casas semiabandonadas. Y con la presión por el caso del *Mili* encima, los agentes de la zona "identificaron" rápidamente varias "casas de seguridad" donde nadie vivía, llenas de ropa de mujer, de hombre, de bebés; casas con suelos inundados, con los vidrios rotos. Decenas de madres que buscaban y aún buscan a sus hijas e hijos han desfilado por estos lugares. Familiares de desaparecidas y desaparecidos no sólo de Ecatepec y Tecámac, sino de Nezahualcóyotl, de Tizayuca, de Tultitlán...[1] Hablan de mucha ropa tirada, de objetos personales dispersos. De las entrevistadas, ninguna ha reconocido nada como perteneciente a sus desaparecidos.

El periodista Alejandro Melgoza se dio a la tarea de investigar los domicilios por su cuenta. Llegó a uno de ellos. Habló con varios vecinos y algunos refirieron que eran muchos jóvenes los que participaban, y que en ocasiones se escuchaban gritos de mujeres, pero esto tampoco se encuentra en el expediente. ¿Habrán sido los vecinos llamados a declarar? Y si fue así, ¿habrán superado el miedo y contado lo que sabían? ¿O es que los gritos eran simplemente un mito sobre la popular historia del *Mili*?

[1] Esto fue denunciado directamente por familiares de las víctimas; sin embargo, solicitaron mantener su anonimato para no entorpecer sus investigaciones.

EL MILI, CAÍDO DEL CIELO

Justo a mediados de 2014 el caso despuntó en los medios por el hecho de que un militar en activo fuera líder de una banda de feminicidas seriales adolescentes.[1] *El Mili*, *el Piraña*, Paco y *el Gato* fueron procesados por el homicidio de Bianca. Al *Mili*, la fiscalía del Estado de México le atribuyó 16 asesinatos de mujeres, aunque legalmente, sólo logró sostener el homicidio calificado de Bianca Edith. En los medios se le vinculaba con las tres desapariciones de adolescentes ocurridas entre diciembre y febrero de 2013, pero legalmente no hubo indicios ni pistas concluyentes. Además, comenzó otro fenómeno: con las declaraciones de los adolescentes, las autoridades se justificaban para dejar de buscarlas: de seguro ya están muertas, decían, y en el fondo del Gran Canal. ¿Y cómo recuperar todos los cuerpos tragados por el gran canal? Pero los padres de desaparecidas reviraban: no podemos dejar de buscarlas vivas; no hemos hallado ningún cuerpo y existe el peligro de que las estén explotando o torturando en algún lado. Mas la policía insistía y filtraba a los medios: todas las desapariciones eran responsabilidad del *Mili*. Caso cerrado. A diferencia de esos primeros encuentros con los ministeriales que les decían: para

[1] *Cf.* Óscar Balderas (10 de junio de 2014), "Un 'mili' en las filas de la trata", en *El Universal* [sitio web]. Disponible en <http://archivo.eluniversal.com.mx/ciudad-metropoli/2014/impreso/un-8216mili-8217-en-las-filas-de-la-trata-123893.html>.

qué busca a su hija, va a regresar hasta con premio, ahora las autoridades sugerían: para qué la busca, ya está muerta, ya no se atormente.

Aun así, la pista del *Mili* no se podía desdeñar, sobre todo porque las mismas declaraciones sugerían que había cómplices libres; y se mencionaba, sobre todo, a policías y a militares. Pero los nombres que los adolescentes dijeron fueron investigados. Por ejemplo, José Ramón, el policía estatal de Tecámac mencionado en las declaraciones, y vinculado directamente a un caso en 2011 jamás fue requerido legalmente.[2] Las autoridades se limitaron a solicitar un documento en el que enumerara sus labores diarias, escrito por el mismo José Ramón. Eso fue todo, a pesar de que acosó a una familia de un caso en el que no estaba asignada. Hubo otro policía municipal señalado, apodado *el Cubano*; uno de los muchachos contó en reiteradas ocasiones cómo lo vio empapado en sangre, con un puñal en mano. Jamás fue llamado a declarar o investigado.[3] Tampoco se indagó quién era Pascual, o la relación del Diablo, el practicante de Palo Mayombe, que fue finalmente asesinado en Jardines de Morelos

Para las autoridades, todas las desapariciones en el corredor podrían estar conectadas, ¿o cuántas bandas de tratantes o feminicidas seriales operaban –y operan– ahí?

A lo largo de los siguientes años, policías e investigadores mostraron a los adolescentes detenidos fotografías prácticamente de todas las personas desaparecidas del Estado de México. Ellos decían reconocer a algunas de ellas. O quizá ya aceptaban cualquier crimen por aburrimiento, o por tratar de conseguir algún favor por

[2] Esto fue contrastado con el abogado defensor del Mili, y con dos fuente anónimas en la Procuraduría estatal.

[3] Se omite el nombre para no poner en riesgo a los adolescentes infractores.

parte de la fiscalía. Quién sabe. El hecho es que por medio de esas declaraciones informales se les ha investigado por desapariciones ocurridas, por ejemplo, en Ciudad Nezahualcóyotl y en Tizayuca. Familiares de víctimas de otros municipios y otros tiempos han debido agotar tiempo investigando la probable responsabilidad de la banda del *Mili*.

Y, lo que es peor, después del *Mili* siguieron desapareciendo muchachas.

DESPUÉS DEL *MILI*

ANDREA

En las paredes y postes de Ciudad Cuauhtémoc, ubicada a los pies del Cerro de Chiconautla, perviven diversos volantes y mantas de niñas desaparecidas. Esto le causaba una profunda impresión a Angélica Martínez Santos, una madre joven que solía caminar con su hija adolescente, Andrea Michael. Frente a uno de estos volantes, alguna vez Angélica comentó:

—Ya va para dos años que desapareció. Qué dolor para los padres.

—Qué triste, mamá. Hay que rezar por ella para que regrese a su casa —contestó Andrea.

Pero aun con el tema de las niñas desaparecidas en la zona, para Andrea y su mamá eran tiempos felices: Andrea tenía pocas semanas de haber cumplido 15 años, había celebrado su fiesta y las fotos atestiguan a una muchacha muy delgada y pequeña, de rasgos finos y siempre sonriente. Se aproximaba su entrada a la prepa. El 6 de agosto de 2014 (un mes después de que Daniel fuera arrestado), Angélica y Andrea fueron a conocer la escuela a la que ingresaría Andrea; pasaron la mañana ahí, recorriendo los salones. Luego emprendieron el regreso a casa. Eran las 10:40 de la mañana cuando caminaban a la altura de avenida de Las Torres y Embajada de Japón, a pocas cuadras de su hogar.

Entonces, Angélica recordó que debía pagar unas cosas que había encargado a una vecina y le pidió a Andrea que fuera rápido a la casa, tomara el dinero y la alcanzara a unas calles de ahí.

—¿Me llevo mi celular? —preguntó Andrea.

—Como tú quieras.

—Mejor llévatelo tú, mamá.

Andrea se fue corriendo, primero sobre Embajada de Japón, donde dobló a la izquierda y luego a la derecha, sobre Embajada de Hungría. Ahí dio vuelta en una esquina para tomar Embajada de Suecia (otra vez calles de nombres bellos, de aspecto muy pobre). Se sabe que sí llegó a este lugar porque una vecina la vio.

Angélica, por su parte, se dirigió al domicilio de sus amigas y esperó a Andrea. Sabía que no podía tardar más de 15 minutos. Pero pasaron 20 o 25 minutos y nada, así que fue a buscarla a la casa. Ahí estaba otra de sus hijas, quien le informó que Andrea nunca llegó a su domicilio. Angélica salió a la calle a buscarla. Preguntó a varios vecinos, pero nadie la había visto. Regresó a avenida de Las Torres, donde ese día había un tianguis muy grande que se extiende a otras callecitas; preguntó a comerciantes y marchantes. Nada.

Hasta las tres o cuatro de la tarde supo que una vecina había visto a Andrea dirigirse con paso presuroso a casa aquella mañana sobre la calle Embajada de Suecia. Pero no hubo ninguna otra pista. En Ciudad Cuauhtémoc no hay cámaras de vigilancia; no hay testigos. No hubo llamadas, ni de extorsión, ni de testigos que creyeran haberla visto. Desde esa mañana de agosto, cuando relata la historia, Angélica utiliza una expresión que es recurrente entre los familiares de desaparecidos: "Es como si se la hubiera tragado la tierra".

Pasó agosto y llegó septiembre. Entonces desapareció otra muchacha.

MARIANA ELIZABETH

18 años

Voy a ser piloto,
quiero volar.

—¿Cuántas veces al día te miras en el espejo? —preguntó a Mariana una persona anónima a través de la red social ask.fm.

—Como muchas veces… cada que me lavo las manos, los dientes, cada vez que voy al baño, cada vez que peino a mi hermana.

—¿Cuál es tu parte del día favorita?

—El nacimiento de la noche… un bello atardecer.

—¿Qué países has visitado?

—Ninguno. Soy pobre.

—¿Cuál es tu olor favorito?

—No decido qué elegir, entre el olor de un libro viejo o un libro nuevo :3

—Si pudieras tener un superpoder, ¿cuál sería?

—Visión de comida. :B y volar; entonces no tendría que pretender estar en un avión, sólo lo haría :3

—Si tuvieses alas, ¿a dónde volarías?

—A otro planeta.

—¿Crees que existe la vida en otro planeta?

—Si tuviera alas, lo comprobaría ;)

Ella quería volar.

En septiembre de 2014 Mariana Elizabeth Yañez Reyes tenía 18 años recién cumplidos y pocos días de haber ingresado a la licenciatura en automatización y control en la Escuela Superior de Ingeniería Mecánica y Eléctrica del Instituto Politécnico Nacional. Pero su plan era también ser piloto. Había pasado en familia su último verano frontera entre la vocacional y la carrera. Guadalupe Reyes, su madre, recuerda ese periodo como unos días borrosos, similares y placenteros, parecidos entre sí, despojados de grandes anécdotas: levantarse, comer rico, ver una película en familia, seguir comiendo rico… Fueron semanas cuya inactividad y gula cobraron cierta factura: el pantalón quedaba un poco más apretado y había un jadeo extra al subir una escalera.

—No te preocupes —le dijo Guadalupe—, ya te recuperarás.

En efecto, en cuanto regresó a la escuela, Mariana se puso las pilas. Buscó entrenar tocho bandera, pero descubrió que sólo había equipo en otro plantel. Le dijo a su mamá que le parecía poco leal representar a una escuela diferente de la suya en el deporte, así que se inscribió a atletismo, que sí se practicaba en Zacatenco, donde ella estudiaba. Ahí fue cuando se dio cuenta de que esos meses de televisión y comida sí habían hecho algunos estragos en su capacidad deportiva. Pero se lo tomó bastante bien: el bello verano familiar no se lo quitaría nadie, y anunció que comenzaría a entrenar.

En esos días, el futuro y el presente se veían brillantes. Mariana ya se había probado capaz y sobresaliente en la escuela. Había entrado a una ingeniería en un país en el que, culturalmente, a las mujeres no se las anima a estudiar este tipo de profesiones; estaba aprendiendo a tocar el bajo y le gustaba el *heavy metal*; tenía una relación de dos años con Diego, su novio, y los dos estaban festivamente enamorados, con esa alegría y esa pasión característica del primer amor; su plan de vida, estudiar y eventualmente volar un avión, iba avanzando. Era una joven que estaba alcanzando la cualidad más preciada y difícil de todas: la libertad. La libertad de soñar, de construirse un futuro, de amar y de desarrollar sus capacidades deportivas, artísticas y expresivas. Un gran logro para una mujer joven en un país cuyas leyes, cultura y educación sentimental sólo conciben a las de su género y edad como personajes de telenovela: enamoradas, vulnerables, inválidas y bonitas, siempre de una manera plástica, irreal. No es posible saberlo, pero probablemente estaba orgullosa de la manera en que trabajaba para construirse, de su proyecto de vida y de ser humano.

Mariana, hija del Instituto Politécnico Nacional. Alta, morena clara, de rasgos distintivos y mexicanos: labios carnosos y dientes grandes, con una dentadura característica. Quedan algunas fotos desperdigadas por internet: ella con toga, birrete y la bufanda guinda del Poli, el cabello alaciado y el maquillaje discreto en su graduación de la voca. También han quedado congeladas en las redes sociales las preguntas y respuestas con sus amigos, junto a sus dibujos y videos. Eso es lo que pasa con las desaparecidas: uno recurre una y otra vez a aquellos rastros que han dejado; por eso en nuestra mente siempre tienen la misma edad, no cambian de gustos musicales, están enamoradas de la misma persona…

El miércoles 17 de septiembre de 2014, durante la tarde, Mariana estuvo chateando con su novio por Facebook. Poco antes de las ocho de la noche le dijo que saldría a la papelería por unas fotocopias, ya que al día siguiente debía meter sus documentos para que le dieran una beca de estudiante. En una libreta dejó anotados los requisitos que le pedían.

No se llevó el celular. En los últimos días el aparato estaba fallando y justo el día anterior un compañero de la escuela se ofreció a repararlo. Ella salió poco antes de las nueve de la noche de su casa, en Los Héroes Tecámac, sección Bosques, a cinco o diez minutos de la Macroplaza. Probablemente dobló en la calle Bosques del Estado de México, ya que la papelería con café internet más cercana se encontraba ahí. Era una caminata de 10 minutos. La hierba sobre los camellones de Bosques de México estaba muy alta. En algunas parte llegarían al pecho o a los hombros de una persona adulta.

A las 10:40 de la noche Guadalupe llegó a casa. Bernardo, que ya estaba ahí, preguntó:

—¿Mariana viene contigo?

—No.

Fueron a las cinco papelerías y cibercafés de la zona. La más cercana, la elección obvia, estaba cerrada desde las 9:30. Y así ocurrió con las demás. A las 3:20 de la madrugada del 18 de septiembre quedó registrada la denuncia por la desaparición de Mariana en la agencia del Ministerio Público de Otumba.

Ese mismo 18 de septiembre sus padres fueron a las oficinas de la Seido, en la Ciudad de México, donde dejaron pruebas de ADN. Más tarde, tapizaron Los Héroes Tecámac con papeletas: "¿Has visto a Mariana?", junto a su foto, la descripción de sus señas particulares y el teléfono de Bernardo como referencia. También fueron a la casa de Diego, el novio de la joven. Él confirmó que Mariana le había dicho que saldría por fotocopias, y les proporcionó la contraseña de Facebook de su novia. La revisaron, pero no había nada inusual, nada sospechoso, nada que no supieran antes.

Pero el 20 de septiembre, a las 7:42, recibieron un mensaje de texto desde un número con clave de Guadalajara:

Hola, yo sé donde está Marina [*sic*]. Márcame.

No contestaron de inmediato, pero transcurrida una semana, sin más pistas, Guadalupe marcó el número. Un hombre contestó la llamada. Le dijo que su hija se había ido porque no aguantaba la presión de la escuela; que tenía un mes y medio de embarazo, pero que no le había dicho nada a su novio; que el muchacho con el que se había fugado era cristiano y se iba a hacer cargo del bebé; que no quería decepcionar a su mamá; que por eso había escapado de su casa para irse a Veracruz.

"¡Cristiano!", se admiró Guadalupe. Evidentemente era mentira. Ya se imaginaba a su hija metalera que estudiaba una ingeniería, libre y vivaz, buscando la ayuda de un "cristiano" por un embarazo no planeado de su novio. Guadalupe no lo sabía, pero era la misma historia que les habían contado a los padres de Bianca, pero que también se repite en la mayoría de las niñas que se van o desaparecen en el país: para desvalorizar a una chica, sus captores, o extorsionadores oportunistas, saben que basta decir que estaba embarazada. Porque las niñas huyen cuando están embarazadas, porque están avergonzadas, porque "es más fácil que una mujer se cuide que un hombre", porque si una joven universitaria ya tiene vida sexual, es puta. Porque en el imaginario mexicano una mujercita debe estar encerrada en casa y no debe explorar su cuerpo ni su sexualidad; debe ser *casta* y *pura*. Y los extorsionadores, los violadores, los asesinos, los agentes del Ministerio Público, los amigos y la prensa saben que para la opinión pública, si una joven está embarazada y no tiene pareja, ha hecho algo muy malo y se merece lo que venga después.

El agente a cargo del caso se puso en comunicación y averiguó que la llamada provenía de un penal en Guadalajara. El individuo al teléfono decía que se había muerto su mamá, que se había quedado sin trabajo y que necesitaba dinero. Y luego proporcionó información sobre la supuesta casa en Veracruz donde estaba

Mariana. El agente fue al lugar, efectivamente halló la dirección referida y vio la casa. Hasta ahí los detalles del extorsionador cuadraban. Pero en el domicilio vivía una pareja mayor, ajena por completo a jóvenes cristianos, a Mariana, o al crimen organizado. Hasta ahí llegó la investigación de la llamada de Guadalajara. Nunca se mandó presentar al individuo, ni se le procesó por extorsión, ni se supo cómo obtuvo el teléfono que los padres, inexpertos, habían difundido en el Estado de México. Pero eventualmente una policía supo que la casa de origen del extorsionador estaba muy cerca del Gran Canal.

Pero para entonces la vida privada de Mariana se convirtió en la primera línea de investigación, como ocurre siempre con las jóvenes desaparecidas:

—Señora, ¿sabe que su hija tiene relaciones sexuales con su novio?

—Señora, es que parece ser que su hija ha llegado a fumar mariguana.

—Si su hija fuera tan buena, la tendríamos que buscar en las iglesias —llegaron a decir.

Y como siempre pasa, también, los policías parecían no ver que fuera una estudiante destacada, deportista, que estuviera aprendiendo música, que tuviera una buena relación con sus padres y su hermana, que tuviera buenos amigos y un novio que la amaba. Ninguna víctima es *buena víctima*.

Septiembre llegó a su fin con dos desaparecidas más: Mariana y Andrea. Luego comenzó octubre, con noticias negras.

3
EL GRAN CANAL

PIECITOS, BRACITOS, HUESITOS

El 13 de octubre de 2014 un diputado local mexiquense de extracción perredista, Octavio Martínez Vargas, publicó en su muro de Facebook la fotografía del cuerpo descompuesto de una mujer que emerge bocabajo entre las aguas negras. La piel de su espalda y sus glúteos es tan negra o gris como el pantalón que le ha sido bajado, agrediendo su dignidad incluso ya muerta, violentada. Toda ella es del color de las aguas en las que flota. "Les pido una disculpa por la imagen, es uno de los cuerpos encontrados en el canal de Ecatepec. Ya no podemos callar", escribió el diputado.

La fotografía tuvo el efecto esperado: hubo revuelo mediático. Martínez Vargas dio sendas entrevistas todo aquel día: el Río de los Remedios, reveló, había sido dragado de junio a septiembre, y tan sólo en el tramo que va desde la Curva del Diablo —frente al centro comercial Las Américas— hasta los límites con Tonanitla habían hallado los restos de 21 personas, 16 de los cuales pertenecían a mujeres. Todo esto lo supo, dijo el diputado, al participar en una reunión de padres de víctimas de desaparición y autoridades.

Las autoridades mexiquenses se defendieron y "echaron de cabeza" a Martínez Vargas: el diputado ni siquiera había asistido a la reunión de la que hablaba. Pero él no trastabilló. Admitió que, en efecto, no había asistido él directamente, pero sí un colaborador suyo: David Mancera Figueroa, defensor de derechos humanos en el Estado de México, quien un año atrás se había acercado a Irish para invitarla a una reunión y la ayudó a gestionar la exhumación de los restos, y quien había estado al tanto de las desapariciones de Yenifer y de las otras dos muchachas.

Los reporteros corrieron entonces a entrevistar a Mancera Figueroa, quien dio su propia versión. Él aclaró que las búsquedas se hicieron desde inicios de 2014 y no desde junio, y aseguró que no se encontraron los restos de 21 personas, sino de 43. Habló de cuerpos muy descompuestos y de otros destazados, descuartizados. Sin embargo, acusó, la procuraduría mexiquense no había realizado los exámenes de ADN para identificar a quiénes correspondían los restos.

De la reunión con los padres de familia se dio a conocer otro giro de tuerca. Entre las asistentes estaba la mamá de S. (la primera muchacha raptada, quien fue a un café internet y no regresó), cuyos restos supuestamente habían sido identificados en mayo de 2013 (por las mismas fechas en que fueron hallados los de Bianca), y reveló que el cuerpo que le habían entregado en aquel entonces no era el de su hija. Aparentemente, la procuraduría mexiquense había tomado análisis de ADN cuando el cuerpo de una mujer fue hallado en 2011 atado a una tapa de alcantarilla y después lo inhumó en una fosa común; en 2013 esa muestra fue cotejada con el ADN de los familiares y dio positivo, pero al momento de exhumar sacaron los restos equivocados: los de un hombre chaparrito y de edad avanzada al momento de su muerte. La madre recuperó los restos hasta mediados de 2017, casi tres años después del escándalo del Río de los Remedios y más de seis años después de la desaparición de su hija.

De vuelta a ese 13 de octubre de 2014, la Procuraduría General de Justicia del Estado de México contraatacó. El entonces titular de la institución, Alejandro Jaime Gómez Sánchez, dio una conferencia de prensa donde acusó a Martínez Vargas de irresponsable por sus publicaciones en redes sociales. Aseguró que los restos referidos por el diputado fueron hallados durante la recolección de basura y desechos en el canal de 19 kilómetros de longitud, que va desde la Ciudad de México hasta el territorio mexiquense, y que en todo ese trayecto se encontraron alrededor de unos siete mil restos óseos. (¡Siete mil restos óseos! Cantidades similares se han hallado en las fosas clandestinas de Nuevo León y de Veracruz.) El procurador continuó desestimando: de éstos, 6 mil 962 eran de origen animal y únicamente 79 de origen humano. No explicó cómo determinaron la diferencia, pero añadió: de los restos humanos, 60 fragmentos correspondían a una misma persona, un varón, de quien ya se tenía el perfil genético pero cuya identidad no se había resuelto aún; los 19 restos humanos faltantes correspondían a una misma persona y se encontraban en estudio en el área de servicios periciales.

Mientras tanto, los medios detectaron otra inconsistencia en las declaraciones de Martínez Vargas: la fotografía que había difundido en su cuenta de Facebook no era de un hecho reciente. Sí se trataba de un cadáver hallado en el Río de los Remedios, en Ecatepec, pero en enero de 2014, no en junio ni en septiembre. La agencia Quadratín había dado la noticia, y era su fotografía. Según el pie de foto de la imagen publicada por la agencia, el cadáver estuvo flotando durante 60 días en las aguas negras a la altura de Potrero Chico (a unos 20 minutos de Los Héroes y muy cerca de otro foco rojo de desapariciones), a pesar de que en repetidas ocasiones los vecinos llamaron a las autoridades para que lo recuperaran. Así que no era un cuerpo rescatado durante los dragados sino otro más, del que hasta la fecha no hay información disponible. Públicamente jamás se informó la identidad de la mujer.

Al día siguiente, el 14 de octubre, el diputado Martínez Vargas y David Mancera convocaron a una conferencia de prensa acompañados por los familiares de cinco muchachas desaparecidas. Ahí presentaron los audios de dos llamadas telefónicas que este último realizó, la primera a la fiscal de feminicidios del Estado de México y la segunda a la fiscal contra trata de personas, Guillermina Cabrera. En ambos casos las funcionarias evadieron las cifras de los restos encontrados. Sin embargo, quedó claro que la procuraduría estaba realizando búsquedas por mandato judicial, no por mantenimiento del Gran Canal, y que había hallazgos.

Posteriormente, se sumó a las declaraciones públicas la voz de Carlos Mata, abogado de David, *el Gato*, el único de los adolescentes detenidos por el feminicidio de Bianca que entonces contaba con defensa legal privada. Fue él quien hizo públicas las órdenes judiciales para dragar el canal a partir de las declaraciones de dos de los chicos detenidos. Es decir, la procuraduría mexiquense mintió: los dragados no eran por desazolve, sino por órdenes de un juez, derivadas de las declaraciones de los tres adolescentes, quienes referían haber tirado varios cuerpos en el Gran Canal. En alguno de los videos Mata narró: "Esta es una banda de feminicidas seriales".

¿Por qué salía el abogado defensor de uno de los acusados a desmentir a la procuraduría. ¿Quién era Carlos Mata?

SER PENALISTA EN ECATEPEC

En aquel entonces, el bufete jurídico Delos, del licenciado Carlos Mata, se encontraba sobre la céntrica avenida México, en Ecatepec: una casa blindada —ya habían sufrido algunos atentados— cuya sala de espera albergaba clientes de toda índole, pero sobre todo personas de escasos recursos que portaban sus documentos en fólderes de plástico y bolsas del supermercado. En el segundo piso se encuentra la oficina de Mata; es la más grande y bonita de todo el bufete, decorada con los colores neutros y más bien típicos de un despacho jurídico: paredes en beige, muebles en color chocolate. Pero en los libreros y repisas se despliega una colección de juguetes coleccionables de superheroes y videojuegos: juguetes de acción de Superman, Batman, los soldados Spartans —los legendarios marines del espacio de la serie de videojuegos Halo—, y por supuesto no podían faltar los personajes de Star Wars, en particular una máscara grande de Darth Vader. En una de las repisas de abajo, una consola de videojuegos y discos y más discos amontonados.

En la oficina se encontraba Carlos Mata, un hombre joven, alto y robusto, entonces de unos 32 o 33 años, sentado frente a su escritorio, y en una de las sillas al frente, un hombre de mediana edad, con sobrepeso y una pistola al cinto. Hablaron unos minutos más, de forma muy cordial, y se despidieron con un abrazo. Entonces, Carlos Mata se volvió y dijo algo así como:

—Es mi compadre, MP de homicidios aquí en Ecatepec.

Y la entrevista comenzó:

—Nosotros aquí le hemos trabajado a diferente gente, de la política y de los servidores públicos, en Ecatepec, en Chalco, en Ixtapaluca. Entre ellos hemos destacado el trabajo que hemos hecho para policías, tanto municipales como estatales, y ministeriales. Hemos trabajado con mandos medios, jefes de área y de investigación, que desafortunadamente se han visto involucrados en asuntos de delincuencia organizada, o en cosas muy simples, como la de Carlos Ortega Carpinteyro, que había sido jefe de Seguridad Ciudadana de Ecatepec…

El caso de Carlos Ortega Carpinteyro ilustra un poco la procuración de justicia en el municipio. A grandes rasgos, según lo que narró la prensa en aquel momento, todo inició con una joven llamada Viridiana. Ella había sido niña de la calle y pasó por el sistema de orfanatos mexiquenses. Una vez que creció, se hizo madre de familia y tuvo varios empleos en la administración pública local. En 2012 participó en la campaña para alcalde de Ecatepec del priista Pablo Bedolla. Tiempo después trabajó como administrativa en la Secretaría de Seguridad Pública local. En 2013 acusó al jefe de seguridad, Carlos Ortega Carpinteyro, de acoso sexual. Éste fue separado de su cargo, y en aquel año Viridiana sufrió dos intentos de secuestro, por lo que señaló a Ortega Carpinteyro.

Para septiembre de aquel año tanto Carlos Ortega como Viridiana tenían el mismo abogado: Carlos Mata. Carlos Ortega se defendía de las acusaciones de Viridiana, y Viridiana finalmente se retractó y acusó a otro jefe de la policía. A instancias de Mata, ambos defendidos publicaron videos por medio de redes sociales: Viridiana deslindó a Carlos Ortega Carpinteyro de los intentos de secuestro. Dijo públicamente que, aunque lo acusó en un principio, se había equivocado. Y retiró los cargos contra el jefe policiaco. Pero agregó: "Seguridad Ciudadana me quiere desaparecer. No digo que todos, pero en Seguridad Ciudadana me quieren desaparecer".

Esta línea delgada entre servidores públicos y delincuentes, este pasar de acusado a demandante y viceversa en un pestañeo, es algo constante en Ecatepec. Otro caso que ilustra lo anterior es el de Humberto Trejo Montiel, quien en septiembre de 2014 fue designado de forma provisional como director de Seguridad Ciudadana y Vial de Ecatepec, ya que su antecesor fue destituido tras un escándalo de policías secuestradores. En noviembre él mismo fue acusado de intento de secuestro. Carlos Mata también fue su litigante.

Así es Ecatepec, donde la policía siempre está en la cuerda floja entre el crimen y el homicidio. Y cuando la gente del municipio se refiere a esta paralegalidad, suele decir: "Esto es Ecatepec".

Pero volviendo al caso del *Mili*, a los dragados y a la entrevista de Carlos Mata, éste retoma:

—El primer dragado lo genera el homicidio de un personaje político en Chalco. La fiscalía de homicidios dragó cerca de cuatro kilómetros, o menos. Pero esto fue antes de 2014. Y en eso le ordenan a la fiscalía de homicidios dejar los dragados, porque los va a retomar la Subprocuraduría de Género, pues los comanda precisamente la banda de Erick San Juan Palafox.

Y a grandes rasgos, Carlos Mata narra que en el Estado de México las investigaciones fueron detenidas un tiempo, debido a que la PGR siguió la línea de los mensajes que enviaban desde el celular de Bianca, que señalaban a una persona que tenía una refaccionaria cerca del Hotel Roma, en Ecatepec. "Fue un tipo que les gustó para desviar la atención." Implícitamente, Mata advierte que la PGR perdió el tiempo y que fue la procuraduría mexiquense la que logró detener al *Mili*.

Mata resume así el caso: en su opinión se trató de unos niños que veían demasiados capítulos de la telenovela colombiana *El cartel de los sapos*, y que comenzaron a vender drogas y de ahí pasaron a ser una banda de feminicidas seriales. Sobre Daniel, su defendido, asegura que fue coaccionado para participar en las torturas sexuales. Cuando las autoridades mexiquenses negaron los dragados, Mata decidió alzar la voz y mostrar las órdenes judiciales porque le pareció excesivo que se negara lo que estaba pasando.

—*El Mili* llegó primero al penal de Chiconautla [una de las cárceles con peores condiciones del Estado de México] y, tras los peritajes psicológicos, por arrojar un alto grado de peligrosidad, lo enviaron a Otumba —Mata insiste—: *El Mili* reconoció 26 asesinatos. Fue por éstos que se dragó el Gran Canal [...] Lo que no entiendo de la procuraduría es por qué miente sobre los dragados.

Si estoy buscando 26 cuerpos, para qué miento sobre los dragados… y para qué escondo, o me los llevo a los acusados de una manera inadecuada, los escondo de una forma así, de una manera inadecuada, los escondo dos días, y luego los presento a los dos días.

Mata se refiere a que Daniel, su defendido, estuvo desaparecido durante dos días antes de ser presentado a la Quinta para menores infractores. "Está documentado, porque los padres presentaron una denuncia por desaparición. Yo no estaba involucrado en ese momento, pero hasta intentaron activar la alerta Amber. En este caso se trata de una desaparición forzada, porque participaron elementos del Estado."

—A veces entiendo esa desesperación de la procuraduría. No la convalido ni la respeto, pero a veces entiendo esa desesperación de la procuraduría, porque el sistema legal que nosotros tenemos tiene muchas lagunas. Ellos [la procuraduría] a veces actúan de manera poco veraz porque tienen que hacer muchas cosas para lograr amarrar una vinculación a proceso, y después de eso, una sentencia. Entonces, la procuraduría simplemente no puede. Tenemos un desfase en tema de procuración de justicia, en comparación con el D. F… y el D. F. tiene muchas deficiencias, pero imagínate qué mal estamos en el tema de procuración de justicia en el Estado de México, donde tenemos un retraso, en comparación con el D. F., en tema de avances tecnológicos y de sueldos, ¡de cinco años! ¡Los sueldos! Aquí un MP te gana unos 14 mil pesos; allá [en la Ciudad de México], unos 21 mil, 25 mil pesos. Aquí, un fiscal gana 45 mil pesos; allá, unos 60 mil pesos. Estamos en un mar de atraso. Entonces, yo a veces trato de entender esa desesperación de la procuraduría de dar resultados con lo que tienen, porque están muy mal. Pero lo que no entiendo es por qué la falta de veracidad.

"Pero volviendo a Daniel. Se llevan al muchacho dos días, lo torturan dos días, con la esperanza de que dé información de las otras muchachas, con la esperanza de tener otra sentencia. Porque, imagínate, es una banda de feminicidas seriales: así lo tienen acreditado en las carpetas. Además, una banda que desmembró, mutiló a chicas y chicos, algunos conocidos por ellos. Pero a los muchachos sólo los condenaron por Bianca."

Aquel 2014 Daniel fue condenado a cuatro años nueve meses de detención, y Paco y Ricardo, a cuatro años siete meses.

—A mí me causa mucha suspicacia que Matadamas y Ricardo Gordillo piensan, como se dice en el argot delincuencial, que Daniel "los puso", porque Daniel ya tiene dos intentos de privación de la vida en el interior de la Quinta. Lo agredieron con un cuchillo o picahielos.

—¿Qué hay de los demás feminicidios, de las desapariciones?

—Por lo que yo sé, hay más personas involucradas. Es que imagínate: son 26 asesinatos, ¿por tres muchachos y *el Mili*? Actualmente se habla de un Jonathan y un Alan o Abraham —Mata titubea—. Están muy preocupados por esta banda de feminicidas, porque es la que más ha salido en medios. A mí ya me vinieron a ver de *The Guardian*, de *Soho*, *Chilango*... Están preocupados por esta banda porque es la que más. Pero, por ejemplo, este caso a nadie le importó —Carlos Mata voltea el monitor de su computadora. Ha desplegado en toda la pantalla la fotografía de un cadáver femenino sobre montones de basura. Ella está semidesnuda, no tiene rostro, está completamente descarnado, pero la piel del cuerpo está intacta—. Ella se llamaba Anahí.[1] Tenía 24 años. Era una muchacha que se prostituía por el

[1] Se conoce el nombre completo de la víctima, pero se omite para resguardar su privacidad.

Hotel Roma [hacia donde las llamadas desde el celular de Bianca y de otra desaparecida intentaban desviar la atención, por cierto]. La fueron a tirar por la iglesia de la Vía Morelos, una iglesia antiquísima [a Anahí la mataron en mayo de 2013]. Era una muchachita de la calle; nadie la quiso ayudar, nadie quiso moverse. Cuando la quisimos ayudar, la fiscalía nos dijo que estábamos locos. Lo del *Mili* es muy aparatoso, sí. Pero ahorita hay incluso sectas satánicas que están ofreciendo un alma con tal de agregar gente a su culto. Hay bandas de trata, se llevan muchachitas fuera del estado y fuera del país…

* * *

Regresando al Gran Canal, la realidad es que el Río de los Remedios ya era famoso porque en sus aguas flotaban cadáveres de manera periódica. Pero definitivamente las órdenes judiciales pusieron de manifiesto que no se trataba únicamente de lo que se veía encima de las aguas, sino de buscar lo que había debajo de ellas. Y al buscar los peritos encontraron. Aquel octubre, la opinión pública estalló, recién enterada de las búsquedas, de las palas mecánicas y las órdenes judiciales. Pero los dragados del canal eran algo conocido desde muchos meses atrás por las mujeres que buscaban a sus hijas. La mayoría de ellas mantenía contacto con algún policía de confianza o dos.[2] Esas pláticas por debajo de la mesa narraban desde tiempo atrás el hallazgo decenas de restos, de *piecitos*, *huesitos*, brazos, piernas… A muchas madres les habían pedido muestras de ADN. Algunas esperaban resultados, con la esperanza

[2] Si bien la mayor parte de la estructura policial es muy corrupta, las familias advierten que siempre hay gente que busca hacer bien su trabajo. Es sólo que el entramado burocrático, las carencias de instituciones y la corrupción convierten tal empresa en algo insalvable.

sombría de hallar por fin a sus hijas, así fuera de esa manera. Y es que mientras un ser querido se encuentra desaparecido, es como estar en el limbo del infierno. No hay descanso un solo día.

¿Pero se podían atribuir a la banda del *Mili* los miles de restos óseos que se extrajeron del Gran Canal?

* * *

El diputado, el activista y la procuraduría continuaron la batalla mediática a lo largo de todo el 14 octubre, mientras la procuraduría continuaba ejecutando dragados. Ajenos al estira y afloja mediático, los dragadores a cargo de la agente y maestra Sayonara Encarnación continuaban su trabajo. Escarbaban entre la costra de suciedad que la pala sacaba a un lado del canal: una montaña de varios metros de altura, compuesta por basura, bolsas de desechos y objetos inverosímiles.

Ahí en el canal, justo a la altura del Ministerio Público de Tecámac, hallaron varios costales de rafia, como los que se usan para la harina. En uno de ellos había dos bolsas negras de basura meticulosamente cerradas, atadas con una agujeta negra muy larga (¿para botas de militar o de policía?), con un nudo pescador. Al interior de una bolsa había una cabeza femenina que conservaba pocos mechones de cabello. En la otra dos muslos meticulosamente cercenados, con cortes de cirujano. Esa bolsa fue el indicio número 27 de aquel día.[3]

El dragado a la altura del ministerio público de Tecámac duró tres días. En ese tiempo los peritos hallaron 45 fragmentos de

[3] Algunos investigadores solicitaron examinar los rastros de animales y carnicerías de la zona y procesar también la basura y restos de animales. Pero fue otra omisión en la investigación. Esta información fue recabada en 2019.

cuerpos, entre ellos unos brazos con un tatuaje muy característico: un bufón. Después sabrían que los restos del tatuaje pertenecían a un muchacho y otros eran femeninos. Algunos restos humanos estaban mezclados con basura, y con huesos largos de vaca.

No era la primera vez que del canal rescataban restos dispuestos de esta forma. En febrero de aquel año ya habían hallado unas bolsas negras de basura con un costal de rafia en su interior, y dentro de éste unos restos que a finales de septiembre de 2014 por fin habían sido identificados genéticamente.

“TE ENCONTRÉ”

Un domingo de finales de septiembre de 2014 (unas semanas antes de que estallara el escándalo del Gran Canal), Margy Fuentes Núñez recibió una llamada telefónica de su amiga Leticia Mora Nieto, a quien conoció mientras buscaba a Diana, después de ir y venir entre varias organizaciones que ayudan a familiares de desaparecidos:

—Necesito que vengas conmigo a un evento político.

Leticia es pionera en la búsqueda de desaparecidos en el Estado de México. Inició, como muchas otras madres, buscando a su propia hija, Georgina Ivonne Ramírez Mora, quien desapareció en Atizapán de Zaragoza, Estado de México, el 30 de mayo de 2011. Tras años de buscarla, Leticia la halló sin vida. Ella suele decir: “A las niñas que buscamos y encontramos con vida, es porque se fueron por su voluntad. A las otras no las encontramos o las encontramos muertas”.

En las fechas en que conoció a Margy, Leticia ya llevaba un largo camino en la experiencia de lidiar con las autoridades mexiquenses. Había agrupado a mujeres en situaciones similares, entre ellas, por ejemplo, a Amparo Vargas, madre de Eva Cecilia Pérez, una adolescente de 16 años asesinada en Naucalpan por Armando Librado Legorreta, alias *el Coqueto*, a finales de 2011. También a Araceli González, madre de Luz del Carmen, una niña de 13 años desaparecida en Jardines de Morelos, Ecatepec, Estado de México, en 2012. De este modo Leticia fue adquiriendo notoriedad y, sobre todo, liderazgo.

Así que cuando conoció a Leticia, Margy decidió que ése era el camino para sacar adelante el caso de Diana. A las madres de desaparecidos, agruparse les permite sentar a la autoridad en mesas de trabajo, buscar y exigir atención por parte de agentes y fiscales. Para decenas de madres ha sido la única manera de hacer que su caso avance.

De vuelta a ese domingo, cuando Leticia pidió a Margy que la acompañara a un evento político al día siguiente, ésta respondió que no tenía dinero para ir hasta Toluca desde su hogar, en Tecámac. Entonces Lety gestionó con la subprocuradora para la Atención de Delitos Vinculados a la Violencia de Género de la Procuraduría General del Estado de México, Dilcya Samantha García Espinoza de los Monteros, que una patrulla llevara a Margy desde Tecámac hasta Toluca.

"Y el evento sí fue muy importante", recuerda Margy. Allí se encontraban el presidente de Argentina y una sobreviviente de trata, quien lidera la lucha contra ese flagelo en aquel país. Al finalizar el evento, Leticia recibió una llamada, y luego de contestar le dijo a Margy:

—Te está buscando Dilcya. Dice que si podemos pasar a su oficina a saludarla.

Así fue como entraron a la procuraduría mexiquense. Mientras se registraban, Margy vio a algunos comandantes que habían trabajado en el caso de Diana. Pero aquello no le causó sospecha. Todo se veía normal. Caminaron por los pasillos hasta la oficina de Dilcya y tocaron, pero cuando abrieron la puerta, Margy vio que la fiscal no estaba sola: su gabinete se hallaba atiborrado de gente; allí se encontraban también algunos peritos, un par de psicólogas, los comandantes que llevaban la investigación de Diana y otros fiscales, entre ellos la fiscal contra la trata de personas,

Guillermina Cabrera. También había gente que Margy no conocía. Sólo entonces se dio cuenta de que Lety la había traído sin avisar para ahorrarle una noche de angustia.

Margy se dirigió a Dilcya:

—Es Diana, ¿verdad?

—Siéntate, nena…

—Sólo dime si es Diana.

Hubo una pausa.

—Sí.

Margy se sentó.

—¿Está viva o está muerta?

Otra pausa, y ambas sostuvieron la mirada.

—Está muerta.

Margy guardó silencio. "Bueno, pues ya la encontré", pensó.

* * *

—¿Quieres quedarte un momento con la psicóloga? —preguntó Dilcya.

—No. Quiero saber qué pasó.

—Todo lo vas a saber en su momento, Margy; tranquila.

—Estoy tranquila. Sólo quiero saber qué pasó.

Dilcya probablemente respiró hondo, para reunir fuerzas y narrar:

—Se hizo un dragado en el canal…

—Lo que ya le había comentado, señora —interrumpió Guillermina Cabrera—. Pues resultó positivo.

Margy recuerda lo siguiente como entre nieblas. Estaban ahí los peritos de genética y le dijeron cosas que ella no comprendió, excepto algo sobre un 99.99 por ciento de exactitud. Dilcya señaló que la madre de Diana tenía derecho a pedir otra prueba de genética, para confirmar. Se dijo que harían lo que ella pidiera. Todo entre nieblas. Luego acordaron una segunda prueba de ADN a la Fiscalía Especial para los Delitos de Violencia Contra las Mujeres y Trata de Personas (Fevimtra), que se encuentra a cargo de la Procuraduría General de la República.

Posteriormente, ya con calma, Margy reconstruyó lo que le habían dicho. Meses atrás, el 18 de febrero de 2014, el día en que iniciaron los dragados en el Gran Canal, los peritos hallaron varias bolsas de basura con restos a la altura de las bodegas Coppel, muy cerca del Ministerio Público de Tecámac. Dentro de una de ellas había un costal de rafia cerrado, de los que se usan para el azúcar o la harina. Cuando lo abrieron hallaron un cráneo y unos pies.

Los peritos mexiquenses procesaron los pies y el cráneo, así como el resto de sus hallazgos (piecitos, huesitos, piernas que no sabían si eran de animales o de personas, decían). Era mucho trabajo, le explicaron aquel día que se reunieron con ella, así que para realizar las caras pruebas de ADN la procuraduría mexiquense se llevó los pies y el cráneo, y la PGR, a través de la Fevimtra, se hizo cargo de otras bolsas.

¿Por qué separaron los restos, si fueron hallados en una gran similitud de circunstancias? ¿Cuántos restos hallaron durante esas jornadas? ¿Cuántas bolsas y costales rescataron? No se sabe. Pero algunos testigos refieren que estos restos fueron amontonados en camionetas pickup sin orden alguno, ni cuidado.

En enero de 2015 la segunda prueba a los pies y el cráneo realizada por la Fevimtra dio positivo. Margy fue citada para conocer los resultados; así que ella le pidió a un amigo abogado, experto en peritajes, que la acompañara. Tenía miedo de que manipularan la prueba. Cuando terminó la reunión, su amigo le dijo:

—Aquí no hay chanchullo.

—Si tú lo dices, adelante. Reconozco los restos como parte de mi hija.

El duelo de Margy se fundió entre papeleos burocráticos que se extendieron hasta marzo de 2015, cuando se programó la exhumación de los restos para darles el entierro y la tumba que la familia quería.

★ ★ ★

Exhumar un cuerpo y volver a enterrarlo no es tarea fácil. Generalmente implica muchos trámites burocráticos que nadie tiene claro cómo realizar. Por ejemplo, la vez que velaron a Bianca Edith en casa de su abuelita, el hecho fue considerado una hazaña. Hasta el último momento los padres tuvieron que batallar para que las autoridades sanitarias dieran el permiso legal de velar restos que llevaban enterrados ya mucho tiempo; por eso pensaron que no lo lograrían. Gracias a las presiones de los grupos de madres al final les dieron el permiso, pero sólo por 12 horas. Así que hasta ese momento, cuando ya había certeza, avisaron a todos y a toda prisa levantaron una carpa en medio de la calle para recibir a los amigos y familiares de Bianca. El sepelio se organizó en unas cuatro horas.

El proceso de exhumación y nuevo entierro de los restos de Diana Angélica no estuvo exento de estas dificultades. El 26 de marzo de 2015, el día designado para extraer el cuerpo, la subprocuradora Dilcya quiso supervisar todo para que ningún engranaje se atorara. "Yo voy a estar ahí para que estos cabrones hagan el trabajo", le dijo Dilcya a Margy.

La maniobra era apretada de tiempo: primero, exhumar los restos en el panteón civil de Chiconautla, trasladarlos rápidamente hasta

Naucalpan (un trayecto de tal vez un par de horas, según el tráfico), y finalmente darles sepultura en el Parque Memorial, un apacible cementerio privado donde la Red de Madres gestionó un sitio para el eterno descanso de Diana. Ahí, en esos mismos campos, ya descansan otras pequeñas que han sido encontradas por la Red.

Ese jueves, Margy, su psicóloga, Dilcya y otras personas llegaron al panteón de Chiconautla por la mañana. Margy vio por primera vez el lugar donde se encontraba Diana: una fosa común, bajo la sombra de un árbol muy frondoso, y pensó: "Por lo menos ha estado descansando bajo la sombra de un hermoso árbol".

Por lo general las fosas comunes contienen dos, tres o más cuerpos en un solo espacio. Los forenses excavan profundo y colocan un cuerpo encima de otro; a veces no los resguardan en féretros ni en nada que se le parezca, sino dentro de las bolsas de plástico grueso del Semefo, a las que suelen pegar una hoja con los datos de referencia del caso protegida con otra bolsa de plástico transparente, su única barrera contra la tierra, la humedad y la descomposición. Por eso el proceso de identificación puede ser complicado: se deben sacar muchas bolsas con restos humanos, revisar las hojas, que a veces ya son ilegibles, buscar ropa u objetos personales de identificación… Pero Diana se encontraba sola en aquella fosa, así que el proceso llevó poco tiempo. Los trabajadores tardaron menos de una hora en cavar y sacar la bolsa blanca. Después la abrieron y depositaron los restos sobre un plástico azul: un cráneo y unos huesos pequeños, los que alguna vez conformaron sus pies.

Margy observaba todo a una prudente distancia. Cuando terminaron los trabajadores, Dilcya se le acercó, con los ojos enrojecidos, y le dijo:

—No vayas. No lo veas.

—Es que tengo que hacerlo, Dilcya.

—Pero no quiero que te pongas mal.

Margy lloró en ese momento (¿alguien puede saber en realidad cuánto tiempo llevaba llorando?).

—Es algo que tengo que hacer —y entonces se dirigió a su psicóloga—: ¿Crees que estoy apta para ver esto?

—Sí. No me sueltes de la mano y mantente en tiempo presente. Si te sientes mal, no dudes en decírmelo.

Margy se acercó al hule azul.

—¿Puedo agacharme?

Dilcya intervino y ordenó a los encargados:

—No. Que ella no se agache. Levanten el cráneo.

Los peritos levantaron el cráneo y abrieron la quijada. Margy observó los dientes. Vio los colmillos superiores un poco encimados.

Sí. Era Diana. No le quedaba duda.

Margy alcanzó a decirle a su psicóloga: "Sácame de aquí". Ambas mujeres caminaron en dirección a la salida; a cada paso Margy sentía el estómago cada vez más revuelto y la bilis le trepaba por la garganta. A medio camino vomitó. No era la náusea, ni el miedo, ni el olor. Era la ira, el duelo. "No puede ser que le hayan hecho esto a mi hija."

Unas horas más tarde, las amigas de Margy, sus compañeras en ese viaje al infierno que es buscar a un hijo desaparecido, en ese deambular por Semefos y submundos, historias de trata y de tortura, esperaban los restos de Diana en el Parque Memorial. Allí también esperaba Mariana, la mejor amiga de Diana, la niña tres años más joven que ella. Cuando Diana desapareció, Mariana era la más bajita de las dos, pero ahora ya había dado el estirón y había rebasado en estatura a la amiga que iba a despedir. Tenía 12 años y llevaba el cabello castaño, espeso, suelto; iba vestida de blanco.

Despidió a su amiga con unas palabras, con lágrimas y promesas: crecer, estudiar, luchar, trabajar, hacer justicia. Liberó unas mariposas.

Ese día Margy tuvo la certeza de que enterraba a Diana. Pero, como les pasa a todos los familiares de desaparecidos, las dudas y la incertidumbre regresaron a ella tiempo después. Es algo natural, con tantos casos de cuerpos que son erróneamente identificados. Pero sobre todo, tras muchos meses, años de buscar al ser amado, se vuelve crónica una lucha interna entre la esperanza de volver a ver a la hija viva y el agotamiento. Algunos padres incluso confiesan que darían todo por hallarla, "como sea", pero terminar ya con todo. En otros casos, sin embargo, la esperanza no se detiene aun cuando hay indicios de que está muerta. Además, cuando las autoridades dan una noticia así, surge un nuevo pensamiento: "¿Y si me dicen que está muerta para que la deje de buscar, pero ella está viva y sufriendo?". El temor de dejar de buscar cuando ella puede ser objeto de torturas inimaginables y necesita ser rescatada atormenta a muchos padres, sobre todo porque hasta el más ingenuo de ellos ya ha conocido el sistema de investigación y justicia. Los atormenta además porque no es inverosímil, y ha ocurrido: la falsa identificación, la pérdida de restos humanos, el extravío. Por eso, uno de los esfuerzos más arduos de muchos es aceptar que el ser amado fue hallado sin vida, y además por la policía.

Así que Margy pidió otra opinión a expertos dentales. Llevó las fotos de la dentadura, y de nuevo le dijeron que sí, que eran los restos de su hija. Pero pasaron años para que Mariana, la mejor amiga de Diana, dejara de jugar con el pensamiento con esas otras versiones. Se imaginaba que en realidad las autoridades, cansadas de Margy, de su insistencia y de la prensa, le habían dado cualquier resto, cualquier cuerpo, cualquier muerta. Mariana pasó años fantaseando con que un día Diana podría escaparse (¿de dónde?) y tocaría a la puerta de su casa.

Los padres de Mariana Elizabeth, que recibieron una noticia similar sobre el destino de su hija en enero de 2015 (poco más de tres meses después que Margy) tuvieron las mismas dudas, pero no recibieron el mismo trato.

“DÍGALE QUE ESTÁ MUERTA”

El 20 de diciembre de 2014 la Fiscalía de Desaparecidos de la Procuraduría de Justicia del Estado de México lanzó una indirecta a los padres de Mariana, cuando la agente del Ministerio Público, Sayonara Encarnación —quien comandaba los dragados—, los citó en Toluca. La agente hablaba de avances en las investigaciones y les presentó el contenido del teléfono de Mariana: el directorio telefónico, las fotografías. Pasaban uno tras otro los retratos de ella y sus amigos.

—¿Conocen a éste? —preguntaba.

—Sí.

—¿Y a éste?

Conocían a la mayoría.

Mientras tanto Guadalupe vio por encima el expediente. Había unas hojas extrañas. Era información sobre otro caso: la desaparición de un chico y una chica provenientes de otro estado. No tenía nada que ver con Mariana, así que preguntó.

—Ah, es que de seguro llegaron el mismo día que algo se añadió al expediente de su hija y se traspapelaron. Nosotros no las podemos sacar. Pero no se preocupen, no afecta en nada —dijo Sayonara Encarnación, y luego agregó—: La sonrisa de Mariana es muy particular. Tiene unos rasgos muy específicos.

—Sí.

La dentadura de Mariana es similar a la de su padre: dientes grandes, característicos.

—¿Ustedes podrían reconocer a su hija por la dentadura?

—Sí. Pero, ¿por qué?

—Nosotros tenemos un acervo fotográfico; me gustaría que lo vieran…

—¡No! —atajó Guadalupe.

—¿Por qué se niega?

—Porque estoy buscando a una persona con vida.

—Es que también tiene que hacerse a la idea de buscarla en el acervo que tenemos en las morgues.

Guadalupe se molestó.

—El día que yo lo sienta, lo haré. Pero todavía no.

—Yo les sugiero que acudan a un psicólogo para irse preparando, porque también es una forma de buscarla. Y de encontrarla.

De esa primera conversación Guadalupe recuerda el frío que le dejó.

Al terminar la reunión, la agente les pidió que dejaran una muestra de ADN en un lugar que Guadalupe recuerda muy insalubre: unas oficinas secundarias de la procuraduría estatal, ahí mismo, en el centro de Toluca. A ella y a su esposo les sacaron muestras de sangre y raspado de mejilla. Mientras esperaban, uno de los agentes del Ministerio Público cometió la indiscreción de decirles que acababan de localizar a 40 personas. Guadalupe pensó que se refería a personas vivas, pero el agente agregó:

—Pero que ustedes no quisieron ver ninguno, ¿verdad?

—No.

—¿Y por qué?

—Porque yo busco a mi hija viva.

—El corazón de una madre sabe —concedió el agente—. Y si usted dice que está bien, pues está bien. Pero, mire, es que nosotros encontramos 40 cuerpos en el Río de los Remedios. Bueno, no son 40, son 39, porque uno ya fue reconocido; sólo se encontraron las piernas y los brazos, y fue por medio de los tatuajes que la familia lo pudo reconocer.

En cuanto quedó a solas con su marido, Guadalupe le dijo:

—¿Cuál escoges? Tienes 39 para escoger. Escoge, ¿cuál quieres?

—¡Cómo crees! —respondió incrédulo.

—Por lógica. Tienen 39 cuerpos, te van a asignar uno.

El viernes 9 de enero la fiscal de Personas Desaparecidas, Sol Salgado, envió a Guadalupe un mensaje de WhatsApp en el que le dijo que necesitaba darles avances del caso de Mariana. Lo que ocurrió a continuación parece un detalle sin importancia; sin embargo, bosqueja el proceder que las autoridades tuvieron con la familia. Sol Salgado envió un segundo mensaje que Guadalupe nunca recibió. Allí decía que la cita era el siguiente lunes al mediodía, en Toluca. Como Guadalupe no se enteró, asumió que la reunión sería al día siguiente, el sábado 10 de enero, en las oficinas que la PGJ tiene en San Cristóbal, Ecatepec. Ella ya le había comentado a Sol que los gastos por la búsqueda de Mariana los habían rebasado y que viajar hasta Toluca les resultaba muy caro. Pero cuando llegaron a las oficinas de Ecatepec ese sábado no encontraron a nadie. Se comunicaron con Sol, y sólo entonces supieron que debían ir a Toluca hasta el lunes. Dijeron que no podían al mediodía, y finalmente acordaron la reunión a las nueve de la mañana, en Ecatepec, antes de que Guadalupe entrara a trabajar.

Así llegó el lunes 12 de enero de 2015. En la oficina estaban Dilcya García de los Monteros, subprocuradora para la Atención de Delitos Vinculados a la Violencia de Género de la Procuraduría General de Justicia del Estado de México (PGJEM); Sol Salgado; la agente del Ministerio Público, Sayonara Encarnación, y una psicóloga de nombre Rocío. Guadalupe recuerda a grandes rasgos lo que les dijeron:

—Ya encontramos a Mariana, pero no como quisiéramos; solamente unos fragmentos. Ella fue hallada el día 14 de octubre en el Río de los Remedios.[1] Por eso les mandamos hacer una prueba de ADN.

—Ésta es su prueba de ADN y ésta es la de los restos. Se hizo la confronta y el resultado es positivo en 99.99%, lo que quiere decir que sí es su hija.

—Mariana ya no es desaparecida, ahora su caso corresponde a la fiscalía de feminicidios.

Por un momento la oficina quedó en silencio total, hasta que Guadalupe se recompuso del golpe, y con su hablar apresurado y determinado, dijo:

—Queremos ver los restos.

—Debido al estado de ustedes, no es posible —intervino Dilcya.

—Bueno. Queremos ver las fotos.

—No creímos prudente que vieran las fotos.

Guadalupe se enojó.

—A ver, Sayonara, hace unos días tú estabas dispuesta a mostrarme todo tu acervo fotográfico para que yo reconociera a mi hija. Y ahora que me das esta respuesta, de que ya la encontraste, ¿resulta que me dices que no puedo ver las fotografías? O sea, no entiendo.

—No. No lo digas así —reviró Sayonara—. Dilo bien. Yo primero te pregunté si estabas dispuesta. Porque aquí está Dil-

[1] La familia dedujo después que el hallazgo ocurrió a la altura de las bodegas Coppel, como en el caso de Diana.

cya, se puede enojar. Me pue-de lla-mar la a-ten-ción —enfatizó cada sílaba.

—Pues sí. Pero, palabras más, palabras menos, tú estabas dispuesta a mostrarme tu acervo para que yo la reconociera —insistió Guadalupe.

—Sí. Pero ustedes no quisieron.

—Bueno, pues ahora sí queremos ver los restos o las fotos.

—Debido al alto grado de descomposición de los restos —interrumpió Dilcya—, tuvimos que enterrarlos. Por eso no están disponibles. Pero en el momento en que ustedes lo acepten, nosotros se los entregaremos. Y entonces continuaremos con la investigación, pero en estos momentos el caso tiene que irse a otra fiscalía.

Los padres siguieron preguntando:

—¿Y la investigación?, ¿ya saben quién fue?

No hubo respuesta. Ese día sólo les proporcionaron dos hojas con las pruebas de ADN y les dijeron:

—Los restos están disponibles. Se los entregaremos en cuanto acepten y firmen.

Guadalupe y Bernardo se negaron a firmar.

—Los dejamos un momento con la psicóloga —dijo alguna de las funcionarias.

Sol Salgado, Dilcya y la agente Sayonara salieron de la oficina.

Guadalupe y su esposo quedaron a solas con la psicóloga, de quien sólo sabían el nombre de pila, Rocío.

—¿Por qué no lo aceptan?

—¿Cómo vas a aceptar algo que no tiene sustento? Primero, si me entregas la investigación, adelante; si me entregas los restos, adelante; si me entregas las fotos, adelante. Pero sólo me estás dando dos papeles —Guadalupe tomó las dos hojas que le habían dejado y las levantó—. No sirven. No los entiendo, no sé qué dicen. Sé que son pruebas de ADN, pero no sé qué hay aquí. Con esto me dicen: "Es tu hija", pero esto no es mi hija.

—Ustedes tienen que tomar una terapia, yo los ayudo...

Guadalupe comenzó a llorar. Sentía, sobre todo, coraje.

—¿Cómo se lo voy a transmitir a mi hija de nueve años?

—Pues como es. Con la verdad. Díganle que su hermana está muerta —dijo la psicóloga.

Esta respuesta es quizá la que más ha herido a Guadalupe durante toda la búsqueda de su hija. La ha repetido en cada entrevista, cada vez que debe narrar la relación con las autoridades: "Díganle que su hermana está muerta".

—Tienes razón. Muchas gracias. Tienes mucha razón. Así se lo voy a decir a mi hija.

Ella y su esposo salieron del edificio. Sólo llevaban las dos hojas de pruebas de ADN. Y que sólo se referían a unos fragmentos de quijada hallados en el Río de los Remedios; no especificaban ni a qué altura fueron localizados, no había fotos ni cadena de custodia, nada. Una vez en la calle, Guadalupe llamó por teléfono a María de la Luz Estrada, quien está al frente del Observatorio Nacional Ciudadano contra el Feminicidio (OCNF).

—¿Me puedes recibir?

Los padres se dirigieron a las oficinas del OCNF, al sur de la Ciudad de México.

La reunión fue larga, compleja. Estuvieron presentes la coordinadora del OCNF, quien es socióloga y maestra en derechos humanos, y una joven que los asistió en el tema legal. En aquella cita los padres de Mariana supieron que había algunas irregularidades en los documentos, que se necesitaba tener más información y acceso al expediente, y, sin embargo, la prueba de ADN parecía ser correcta. En el OCNF se comprometieron a gestionar una segunda prueba de ADN y se barajaron posibilidades; una de ellas la Escuela Mexicana de Forenses.

Los padres de Mariana pidieron además algunos documentos del expediente para comenzar a trabajar el caso. Ahí, las abogadas del OCNF se percataron de algo que la procuraduría mexiquense jamás consideró: el primer apellido de Mariana Elizabeth no correspondía con el de su papá. Mariana se apellida Yáñez Reyes, y su padre, González Reyes.

Guadalupe lo narra así: "Para que te des cuenta de qué tan vacío se encuentra el expediente, nunca se tomaron la delicadeza de tomar esto en cuenta". Bernardo, el papá de Mariana, es hijo de padres divorciados; sin embargo, su madre —de apellido Yáñez— decidió registrarlo con el apellido del papá: González. Cuando Bernardo y Guadalupe contrajeron matrimonio, el juez que los casó les dijo: "Si el día de mañana ustedes tienen hijos, no les podré tomar el apellido de González, sólo el de Yáñez". Tres años después de la boda nació Mariana y al momento de registrarla les tocó el mismo juez, quien se acordó del periplo de los apellidos. Sentenció: "La niña se llama Yáñez Reyes".

En el OCNF, en cambio, decidieron desechar la prueba de ADN de Bernardo para tener toda la documentación rigurosamente en regla (una falla así puede tirar un caso) y tomar una nueva muestra de ADN únicamente a Guadalupe. Los padres de Mariana llevaron copias de algunas cosas del expediente y confrontaron la nueva muestra de Guadalupe frente a la muestra, en papel, de la prueba realizada por la PGJ. Parecía que realmente la prueba pertenecía a los restos de Mariana. Pero, para estar seguros, era necesario hacer una prueba de laboratorio a los restos hallados.

En febrero, Guadalupe necesitaba una copia completa del expediente. Le pidió una a la maestra Sol Salgado, encargada de personas desaparecidas. Como ya le habían advertido, la carpeta ya estaba en otra fiscalía, la de feminicidios, con Irma Santillán. Pero en ese tiempo la familia debió interrumpir la búsqueda. La salud de Bernardo colapsó: sufría depresión, angustia.

Mientras Bernardo convalecía, un día cualquiera, Dioselín, la mejor amiga de Mariana, llamó a Guadalupe: "Lo que necesite, aquí estoy", dijo. Ella se extrañó, ya que los papás de esta joven les habían pedido que dejaran a su hija fuera del caso. Tres días después, Diego, el novio de Mariana, le envió un mensaje de WhatsApp:

—Señora, acaban de venir dos policías. Dicen que ya encontraron a Mariana. Dígame que no es cierto.

—¿Qué te dijeron?

—Que encontraron a Mariana muerta.

—Bueno, pues te explico: a mí me dijeron que encontraron unos restos. Pero no me los han entregado; no me entregaron ni las fotografías. Yo ya pedí una prueba de ADN a los restos, la cual tampoco me entregan. Yo no te podría decir si es o no es Mariana hasta que no tenga la certeza.

—Se la están negando porque no es cierto.

—Mira, si es sí o si es no, tienes que prepararte.

Guadalupe consolaba y preparaba al novio de su hija para un posible desenlace funesto. Aplazó su propio miedo y su dolor. Fue inmediatamente al café internet al que debía llegar Mariana la noche en que desapareció y notó que la papeleta del caso de Mariana ya no estaba pegada en el cristal. Gaby, la chica encargada, le explicó:

—Vinieron a verme unos policías y me pidieron que la quitara. Dijeron que ya la habían encontrado. Muerta.

De nuevo, el carpetazo.

En marzo, Guadalupe continuó exigiendo que se realizara una segunda prueba de ADN. Como necesitaba una copia completa del expediente (se lo había pedido el OCNF, para cotejar qué es lo que se había hecho), fue personalmente a la fiscalía de feminicidios. Se encontraba en la oficina una chica, quien le dijo que no era su caso y que no les podía dar copias. Luego llegó abril, y el agente a cargo del caso estaba de vacaciones. Entre el ir y venir, una agente del Ministerio Público, Xóchitl Ortiz, se compadeció y les dijo:

—Hagamos una cosa. Yo me comprometo a que mañana viernes tenga usted sus copias.

El viernes 10 de abril Guadalupe fue a la fiscalía de feminicidios, en Barrientos. Llegó a las cinco de la tarde, pero en la fiscalía no había nadie. Aparentemente todos los agentes se encontraban en operativo. Sólo estaba la secretaria, a quien le dijo:

—Oye, pues quiero dejar un acta de que vine por copias y no me las han dado.

—Es que no hay nadie que lo pueda hacer. Éste no es un Ministerio Público normal; es una fiscalía, donde se dan seguimientos. No hay nadie que lo pueda hacer.

Al día siguiente habló telefónicamente con Xóchitl Ortiz, quien le explicó que lamentablemente habían tenido un operativo. El lunes siguiente, el 13 de abril de 2014, Guadalupe se presentó desde temprano a la fiscalía y vio que ya estaba en activo el agente legalmente asignado al caso de Mariana, Jonathan Mata. Era la primera vez que Guadalupe lo conocía y hablaba con él, a pesar de que supuestamente el caso le había sido asignado desde el 3 de marzo.

—Qué bueno que se presentó, porque tengo muchas dudas sobre el expediente; hay muchos huecos —le dijo Mata.

Lo único que se había asentado en el expediente era la pista falsa de Veracruz. También se encontraban las copias de los muchachos que habían desaparecido en otro estado y que habían sido agregados por error a la carpeta de Mariana, así como decenas de oficios en los que se pedía ayuda a otras entidades.

Mientras tanto, en la Seido se realizó una nueva confronta con la prueba realizada por la procuraduría mexiquense. Concluyeron que era positiva, pero no sacaron otra muestra a los restos.

En estas fechas Guadalupe logró ver el reporte del hallazgo en el expediente. Unas hojas que describían lo que sacaron del Río de los Remedios. Se encontraron dos muslos y una cabeza ("La sonrisa de Mariana es muy particular. Tiene unos rasgos muy específicos", le habían dicho). En el reporte sólo se encontraban fotografías de la cabeza. Guadalupe las miró: el cráneo sólo tenía algunos mechones de cabello en la parte baja. La nariz había perdido el cartílago. Las cuencas de los ojos estaban vacías. "Pues sí, se parece", pensó. Vio la dentadura. Sí, indudablemente se parecía. Pero luego la cabeza, el cráneo, era demasiado redonda, y el de Mariana era alargado. Parecía el de una persona mayor. Más tarde se recriminó no haberse fijado si tenía perforaciones en los oídos.

Pero en las pruebas de genética no se consignó que hubieran extraído ADN del cráneo, sino de la cabeza del fémur. Guadalupe buscó las fotografías de los muslos, pues su hija tenía una marca ahí. Pero de ésos no había fotografías en el expediente. Tampoco halló nada sobre la cadena de custodia. Nada.

Luego fueron a una reunión en la Seido. Preguntaron a los peritos si habían tenido acceso a los restos, pero la respuesta fue negativa.

Vino y fue la Semana Santa. Pasaron los meses. Hasta el 19 de junio se concretó la exhumación de los restos para realizar una segunda prueba de ADN. Asistieron funcionarios de la procuraduría estatal, pero la PGR estuvo a cargo de los análisis. Un mes después, esta última entregó los resultados: un correo electrónico escrito en inglés; sí eran los restos de Mariana.

En algún momento Guadalupe tuvo acceso a las imágenes del hallazgo: una costra de basura de metros de altura arrojada por la gigantesca pala a un lado del canal. Un costal cerrado con nudo marinero: la prueba número 27 hallada aquel 14 de octubre de 2014. ¿Cuántos restos habrán hallado aquel día? Adentro del costal, dos bolsas negras, meticulosamente acomodadas y cerradas con diurex o cinta canela. En una de ellas, la cabeza. En la otra, dos muslos femeninos cercenados y acomodados en la bolsa. Más tarde, en algún punto de la investigación, sabría que la marca que su hija tenía en uno de los muslos fue removida con una incisión.

Legalmente, el caso de Mariana no está vinculado al *Mili*, pero en la procuraduría insistieron que sí. Quizá porque los restos fueron hallados en el Río de los Remedios. Quizá porque, según el primer agente que se hizo cargo del caso, Mariana había probado la mariguana. Pero sobre todo porque *el Mili* es la única pista pública, la única respuesta oficial sobre el crimen organizado que viola y mata mujeres en los límites entre Tecámac y Ecatepec.

Unos días después de que los padres de Mariana recibieran el correo electrónico en inglés, el 28 de julio de 2015, el Sistema Nacional de Prevención, Atención, Sanción y Erradicación de la Violencia contra las Mujeres (SNPASEVM) acordó por unanimidad de votos la procedencia de la declaratoria de Alerta de Violencia de Género contra las Mujeres en 11 municipios del Estado de México: Chalco, Chimalhuacán, Cuautitlán Izcalli, Ecatepec de Morelos (que para ese momento ya se había convertido en referente del feminicidio en México), Ixtapaluca, Naucalpan de Juárez, Nezahualcóyotl, Tlalnepantla de Baz, Toluca, Tultitlán y Valle de Chalco Solidaridad. Sin embargo, la alerta no se activó en

Tecámac. Ni siquiera por la historia del *Mili*, ni porque algunas víctimas de Ecatepec desaparecieron en el municipio vecino; ni por los miles de restos "de humano o animal" hallados en el canal.

Aún dudosos, Guadalupe y Bernardo impulsaron una tercera prueba genética, que tomó mucho tiempo. Mientras los meses pasaban, ella probablemente pensaba: "Y si es efectivamente Mariana, ¿qué?, ¿las autoridades darán el caso por terminado?".

En su búsqueda de aliadas y redes, Guadalupe conoció a otra mujer, madre de una víctima de feminicidio, la señora Irinea Buendía, quien llevaba el caso de su hija Mariana Lima, la cual había sido hallada muerta en su casa en 2010, estrangulada. Su esposo, un violento judicial de Chimalhuacán, aseguraba que se había suicidado, y todas las autoridades le habían dado la razón, sin importarles el extravío de pruebas y la inconsistencia de los dichos. Pese a todo, Irinea había logrado que en marzo de 2015 la Primera Sala de la Suprema Corte de Justicia de la Nación (SCJN) le otorgara un amparo histórico para reabrir el caso de su hija. Irinea le explicó a Guadalupe que la fórmula era no aceptar las prebendas que a veces ofrecen los funcionarios con ánimos de congraciarse con las víctimas. Sólo hay dos cosas por pedir: justicia y más justicia.

Guadalupe recordó cuando en una ocasión caminaba con su hija Mariana por Los Héroes Tecámac y vieron la papeleta de una chica extraviada. Los volantes de desaparecidas son una cosa común, pero esta chica había desaparecido muy cerca de su casa. Ambas se impresionaron. Guadalupe inmediatamente pensó: "Esto debe ser la tortura más grande para los padres". Mariana, entristecida, la miró:

—¿Qué harías si fuera yo?

Guadalupe, consolándola, le respondió:

—No descansaría. Yo daría mi vida hasta encontrarte.

La promesa a Mariana había sido hecha incluso antes de que desapareciera.

A mediados de 2017 le entregaron a Guadalupe los resultados de la tercera prueba de ADN. La conclusión: la cabeza y los muslos sí eran de Mariana. Pero para su madre aquello no implicaba que la habían encontrado. Mariana no era sólo una cabeza y dos muslos. Un cuerpo se compone de manos, pies, piernas, torso.

Aquel octubre de 2014, del Río de los Remedios las autoridades extrajeron 45 restos, o 39 cuerpos, o seis mil restos óseos. Decenas de pies, manos y torsos en bolsas y costales. Sólo fueron identificadas dos personas. La primera, un muchacho[2] de Coacalco, que vendía artículos de limpieza de casa en casa con un triciclo. El joven tenía un característico tatuaje de bufón en un antebrazo; dirían después que consumía algunas drogas y que lo mataron por una deuda. Pero, de nuevo, son versiones. La otra persona identificada fue una estudiante de ingeniería, que salió a sacar copias para tramitar su beca escolar. Pero nadie sabe realmente qué sacaron del canal durante los tres días de dragados. Nadie sabe con claridad en qué tramos del canal se hicieron las diligencias. Sólo se sabe que ésta era la segunda ocasión que se escarbaba a la altura del Ministerio Público de Tecámac y ambos casos hallaron restos descuartizados de hombres y mujeres. Los casos de octubre no se pueden atribuir con indicios científicos a la banda del *Mili*. ¿Quién mata, descuartiza y desecha a sus víctimas en el Gran Canal?

> Daría mi vida hasta encontrarte. Y eso es justo lo que vamos a hacer: encontrar. La respuesta que sea siempre va a ser: hasta encontrarte y justicia. Saber qué pasó, cómo pasó y cuándo pasó.
>
> GUADALUPE REYES

[2] M. se resguarda el nombre de la víctima.

MÁS NEGRAS NOTICIAS

A finales de septiembre de 2015 Margy fue citada de nueva cuenta en la procuraduría mexiquense. Le explicaron que el 18 de febrero de 2014, cuando hallaron la bolsa y el costal con el cráneo y los pies de su hija, también encontraron otra bolsa y otro costal a mayor profundidad. Adentro había un torso desnudo. La procuraduría alegó que por razones de carga de trabajo, en vez de que en el Estado de México se procesaran genéticamente ambas bolsas, la Seido de la PGR se llevó una de ellas. Esos resultados genéticos tardaron un año más que los de la fiscalía del Estado de México, pero al final se determinó que el tronco también pertenecía a Diana.

Según lo que le informaron, y de acuerdo con los peritajes que se realizaron cuando sacaron la bolsa, Diana había fallecido una semana o dos antes del hallazgo, es decir, había permanecido con vida hasta cinco meses después de su desaparición. La causa de la muerte había sido un golpe muy fuerte, recibido en las costillas, lo que le rompió un hueso que perforó una de las venas que llegan al corazón; una perito agregó que para que un golpe fuera así de devastador, Diana tuvo que haber estado en el suelo y alguien debió de saltarle encima.

"Erick San Juan Palafox era quien gozaba golpeando a las mujeres. Las golpeaba pateándolas con botas militares; en ocasiones utilizaba bóxer o incluso piedras, y lo hacía porque tanto *el Mili* como *el Piraña* son necrofílicos. Ellos disfrutan hacer el sexo con los muertos. Además, el propio *Mili* nos regalaba botas militares usadas y nos pedía que cuando saliéramos usáramos esas botas", narró Francisco ante las autoridades en enero de 2014. ¿Podría ser otro crimen del *Mili*? De nuevo, según los rumores oficiales, según lo que la policía filtraba a la prensa, así era. Pero de acuerdo con los peritos que levantaron los restos, Diana fue asesinada dos semanas después de que él fuera detenido.

Además, estaba el asunto del descuartizamiento. ¿Se trataba de una banda feminicida que había pasado de ultrajar, matar y arrojar a sus víctimas a la orilla de la carretera, a una que asesinaba a golpes, descuartizaba, empaquetaba los restos y los arrojaba al canal?

Las evidencias mostraban que inmediatamente después de ser asesinada, fue desmembrada con un objeto muy filoso. Sus asesinos metieron los restos en costales de rafia blanca y pusieron éstos dentro de bolsas de basura, que luego arrojaron al canal.

Además, Diana había estado viva por cinco meses después de su desaparición. Probablemente estuvo cautiva a no más de un par de kilómetros de casa. ¿La banda del *Mili* tenía la capacidad operativa de mantener cautiva a una adolescente por cinco meses?, o ¿cuántas bandas de tratantes operan en la zona?

Aquí, las teorías criminológicas se dividen. En una ocasión, hablando con peritos cercanos al caso, dijeron que es más peligroso un homicida que descuartiza a sus víctimas. Incluso, dijeron, suponiendo que fuera un grupo el que las mata, y otro grupo el que las destaza, este último sería más peligroso que el primero. Los peritos cercanos al caso se inclinan por dos bandas distintas: los vinculados al caso de Bianca y otras tres desapariciones entre 2011 y 2013 (dos de ellas no han sido halladas), y los casos del Gran Canal; estos últimos con un grado de peligrosidad más alto.

Pero hay otras corrientes criminológicas. Tilemy Santiago, criminólogo y antropólogo que ha estudiado los patrones de aprendizaje de los secuestradores, explica que en realidad, "por más que nos parezca horrendo, el crimen es otra actividad humana". No se necesita demasiada enfermedad mental para volverse un criminal y descuartizador; es una actividad que se puede aprender.

Y sí, las bandas criminales pueden ir aprendiendo a retener, a descuartizar… Lo único que se requiere es una sociedad, una cultura, un sistema que lo permita y lo aliente. Una cultura misógina, un *continuum* de violencia machista que va del acoso callejero, la violencia doméstica, y termina con bandas que se dedican a levantar adolescentes, torturarlas sexualmente y matarlas. ¿Cuántas bandas podría haber en Ecatepec-Tecámac? Quién sabe. Quién sabe cuántos participaron. Quizá hubo un grupo que participó en todos, y quizá en cada caso participó un joven más, que luego se fue. Quizá otros vieron que levantaban mujeres, y decidieron hacer lo propio, e innovaron: ahora las retendrían meses. Quizá otros más decidieron hacer más "negocio" y sacar a las jóvenes del área, y por eso no las han encontrado.

Santiago no avala la idea de una sola banda (la del *Mili*). Más bien pone el énfasis en una sociedad feminicida. Así que la respuesta para detener las desapariciones y los asesinatos de mujeres viene más desde la sociología que desde la mera aplicación de penas.

No son enfermos excepcionales. Son sólo hijos del patriarcado, resume Santiago.

Entrevistada respecto de este fenómeno, la académica Silvia Federici explica que los hombres jóvenes que crecen en entornos de violencia, ligados al narcotráfico, o trabajando como miembros de seguridad, son jóvenes que saben usar las armas, que se sienten cómodos con la violencia, pero también se sienten desempoderados. Porque ya no tienen acceso a los recursos que antes sí, entonces intentan recuperar su masculinidad al costo de las mujeres.

En otras palabras, y como ha ocurrido en otros tiempos históricos, los niños y jóvenes que crecen entre la violencia y la miseria desfogan su frustración en el cuerpo de las mujeres, en muchas ocasiones de mujeres que conocen. Y es que no saben más que relacionarse emocional y afectivamente con las mujeres por medio de la violencia física…

★ ★ ★

Margy pasó la mayor parte de 2016 haciendo los trámites necesarios para recuperar el torso de su hija, revisando de manera exhaustiva el expediente de Diana y presionando para que lo arreglaran. Y es que había datos asentados que, por error, negligencia o descuido, no tenían sentido: oficios sin responder o sin seguimiento, y cosas tan graves como fallas en la descripción del hallazgo del torso; ahí, los ministeriales asentaron descripciones como "semblante cadavérico", cuando no había siquiera un rostro o un cráneo.

A finales de 2016 las autoridades mexiquenses por fin la citaron en el panteón de Chiconautla. Margy, como la vez anterior, estuvo en primera fila, mientras exhumaban los restos de su hija. Cuando se trata de restos no identificados, en el interior de las cajas suele haber una bolsa forense con una hoja pegada que consigna algunos datos, como el número de expediente y la fecha del levantamiento del cadáver. En este caso, cuando los enterradores sacaron la caja funeraria y levantaron la tapa, había tres bolsas. Las primeras contenían dos torsos femeninos, y la tercera guardaba un par de piernas de hombre; todos habían sido encontrados durante los dragados del canal en febrero de 2014. Pero las hojas de información se habían borrado con el tiempo. ¿Cuál de los dos torsos era el de Diana?[3]

Entonces Margy se dio a la tarea de presionar para que se hicieran análisis de ADN y peritajes independientes de ambos torsos para tener certeza sobre los restos de Diana. En la Red de Madres, Leticia Mora Nieto, la mujer que siempre la había ayudado, decidió unir la exigencia de Margy con la de Araceli, otra madre que llevaba cinco años buscando a su hija desaparecida —incluso antes de que Bianca desapareciera— y quien al igual que Margy necesitaba una prueba genética para un cuerpo que había sido hallado varios años atrás.

[3] Hasta abril de 2023, el torso femenino hallado en la fosa común junto al de Diana seguía sin ser identificado.

LUZ DEL CARMEN

13 años

Una niña normal.

CASOS VECINOS: JARDINES DE MORELOS

LUZ DEL CARMEN

A inicios de 2012 Araceli González, Jorge Miranda y la única hija de ambos, Luz del Carmen, de 13 años, se quedaron sin casa. El que entonces era su casero les pidió que desocuparan el lugar sin muchos días de antelación. No tenían tiempo ni dinero para buscar algo más adecuado, así que buscaron de forma apresurada un lugar para rentar en la colonia Jardines de Morelos, en Ecatepec. Encontraron alojamiento en una vecindad: un solo cuarto en medio de una decena de familias. Ahí Araceli embutió la estufa pequeña, una mesa de cocina, una salita roja, la televisión y dos colchones que cada noche debían acomodar uno junto al otro para irse a dormir. Ni la construcción ni los vecinos eran realmente hospitalarios, pero era lo único para lo que les alcanzaba. Además, se sentían de alguna forma seguros, ya que años atrás, cuando Luz nació, la familia vivió varios años en aquella misma colonia.

Jardines de Morelos se encuentra aproximadamente a nueve kilómetros (unos 20 minutos en auto) de Los Héroes Tecámac. Es una colonia más antigua, de los años ochenta. Los anuncios que promocionaban la venta de casas en aquel entonces vendían la idea de que se convertiría en una suerte de suburbio americano para los trabajadores de la Ciudad de México. Prometían agua y seguridad. El agua siempre faltó, pero alguna vez sí fue segura.

Treinta años atrás, Jardines de Morelos no era una colonia estigmatizada por el crimen organizado y el feminicidio serial. Era un fraccionamiento que se pobló con familias de obreros especializados con empleos regulares y seguridad social, otros provenían de una clase media emergente, oriundos de San Cristóbal Ecatepec. Las calles de Jardines están trazadas con cuidado, las banquetas son amplias, los camellones también.

El agua siempre fue un problema, y se ha ido acentuando, a grado tal que ahora es tema de supervivencia de los vecinos. Pero lo de la seguridad era verdad. En los ochenta, la gente solía dejar la puerta de su casa abierta; los jóvenes iban a tardeadas y fiestas a distintas secciones, y regresaban caminando, a la una, a las dos de la mañana, y sin miedo. Lo saben, lo recuerdan ahí jóvenes de aquel entonces, que ahora rebasan los 40 años.

En aquel entonces, Jardines era la única urbanización del área. Todo alrededor eran ejidos y campos, la laguna de Chiconautla, ahora una colonia irregular, sin agua y peligrosa, era una verdadera laguna a la que llegaban patos y otras aves, y que los niños de Jardines de Morelos exploraban.

Aquella laguna era terreno ejidal… Con las reformas de finales de los años noventa, llegaron fraccionadores y revendedores, y sobre la laguna se fueron asentando nuevas colonias. El lugar se convirtió rápidamente en otra ciudad dormitorio para los trabajadores de la Ciudad de México que deben desplazarse por horas para cumplir con sus jornadas laborales.

En la temporada en que la familia se mudó, Araceli asumía casi toda la carga económica. Su esposo, Jorge, sufría problemas de adicción; así que Araceli pasaba el día entero cuidando casas y familias ajenas, en barrios igualmente ajenos, además de lejanos. Salía muy temprano por la madrugada para cruzar los 40 kilómetros y las dos horas y media de tráfico que la separaban desde el cuarto que habitaba en Ecatepec hasta la exclusiva zona de Tecamachalco, donde cuidaba a una persona enferma.

El jueves 12 de abril de 2012[1] no fue la excepción. Araceli ya estaba de pie a las cinco de la mañana cuando vio a su hija dormida, en el colchón de junto. Antes de irse la arropó y le dio un beso. No la despertó; era Semana Santa y no había clases. A las siete, su esposo Jorge preparó su cajón de boleador de zapatos y también dejó la casa. Cuando él se fue, Luz seguía dormida, pero a los pocos minutos la llamó para asegurarse de que no había dejado la estufa prendida. Con voz adormilada, ella dijo que no, que todo estaba bien; colgaron. Luego volvieron a hablar alrededor de las 10 de la mañana.

Después de esa hora todo son dichos, suposiciones. Algunos vecinos la vieron al filo del mediodía, sentada en las escaleras de la vecindad, llorando. Un niño de 11 años, vecinito suyo, se acercó a hablar con ella. Platicaron un rato y luego cada quien entró a su casa. Ella salió de nuevo a eso de las dos de la tarde para buscar a una amiga suya que vivía en la cuadra. No la encontró y regresó de nuevo a casa. No se sabe qué pasó entre las 2:00 y las 5:30 de la tarde, cuando Jorge llegó a casa. Encontró la puerta entreabierta y la televisión encendida. Las llaves de Luz estaban sobre la mesa; su suéter, sobre la cama; el cargador del celular, donde lo dejaba siempre: colgado de un clavito en la pared. No faltaba dinero, ni ropa, ni cosas personales; sólo faltaba Luz, la ropa que vestía y su celular. Jorge le marcó, pero el teléfono estaba apagado.

Araceli y Jorge la buscaron con sus amigas, sin éxito. Al día siguiente fueron al Ministerio Público de San Cristóbal, Ecatepec,

[1] Casi un mes antes de la desaparición y el feminicidio de Bianca.

para levantar la denuncia. Los agentes alegaron que, pese a tratarse de una menor de edad, la denuncia sólo se haría válida hasta que pasaran 72 horas de la desaparición; insinuaron que la hija no parecía tener 13 años; que, por el contrario, aparentaba más edad. "De seguro se fue con el novio a tomar unas chelas a Acapulco y regresa en tres días", remataron.

Pero los padres de Luz no creyeron esta posibilidad. Tapizaron Jardines de Morelos y la colonia vecina, Lázaro Cárdenas, con volantes que ellos mismos imprimieron. "¿La has visto? 13 años de edad, 1:65 de estatura, tez morena clara, ojos grandes. Señas particulares: acné en la cara y un lunar en la nariz." La fotografía que acompaña el volante, y que se replicó durante los siguientes cinco años, muestra a una niña de cara redondita, de nariz pequeña, reprimiendo una sonrisa y mirando con ojos vivaces a la cámara. Era alta, grande y llamativa. Como su madre, Araceli. En los volantes pusieron como referencia el teléfono celular de Jorge, pero las amigas de Luz pensaron que sería más fácil que alguien se animara a marcar si se trataba de un teléfono fijo, así que los quitaron e hicieron unos nuevos, esta vez con los teléfonos de sus casas particulares.

Pasaron los días y los judiciales insistían en la hipótesis de la escapada a Acapulco. Pero el novio de Luz, un chico de su edad y de su escuela, se encontraba en casa y no sabía nada de ella. Entonces la familia quiso hablar con el niño que se acercó a Luz cuando lloraba. Éste, asustado, les dijo que no sabía nada, y sus padres dijeron que su hijo no tenía nada de qué hablar, así que les prohibieron interrogarlo más. Luego hablaron con los vecinos; en particular uno de ellos, Juan Carlos, amigo de Jorge, un hombre joven que trabajaba como pepenador y vivía con su esposa, Martha, y su hijo bebé en la accesoria situada a la entrada del edificio: un espacio pequeño, con cortina metálica y baño propio.

Juan Carlos, con quien Jorge a veces compartía cervezas, señaló a un hombre que decía llamarse Miguel, otro vecino que vivía justo frente al cuarto de los Miranda González. Este hombre, de unos 50 años, solía mirar con lascivia a las niñas, Luz del Carmen incluida; además, era amigo de policías. El propio Miguel presumía de haber sido un *madrina*[2] en la Ciudad de México, y seguido lo visitaba *Soto* un policía de tránsito de la colonia Cerro Gordo, también en Ecatepec. En la vecindad decían que Miguel tenía casas en el cerro de Chiconautla, hasta lo apodaban *el Abuelo Padrote*. Bueno, no eran exactamente casas, sino cuartitos improvisados en medio del cerro con niñas a las que mantenía ahí drogadas.

El cerro de Chiconautla tiene varias particularidades que lo hacen de extremo interés. Fue tomado por paracaidistas hace unos 20 o 30 años y durante mucho tiempo no tuvo acceso a servicios ni a seguridad. De hecho, en la actualidad sólo cuenta con tres o cuatro policías, no más. Es un lugar al que no sube nadie que no viva ahí, pues no es un sitio para pasear. Además de ser un lugar "sin ley", tiene una división administrativa caótica; el terreno pertenece a tres municipios: Ecatepec, Tecámac y Acolman.

Así que los delincuentes del cerro de Chiconautla, desde hace décadas, tienen por costumbre bajar a cualquiera de los tres municipios para cometer sus fechorías y luego subir para ocultarse en el cerro, en las casas empobrecidas o en las minas de arena. Saben que ningún policía los seguirá hasta allá, y que los delitos que cometen quedarán desperdigados en los laberínticos sistemas judiciales de los tres municipios. Como ocurrió con toda la región, una vez

[2] Así se les llamaban a personas que trabajaban para policías judiciales de forma informal. Se trató de una figura cargada de corrupción y violencia, solían cometer delitos amparados por la autoridades de comandantes judiciales, sin ni siquiera trabajar oficialmente en los cuerpos de seguridad o investigación.

que llegaron los cárteles del narcotráfico, los delincuentes pequeños aprendieron pronto y se sumaron a un crimen organizado mucho más grande y diversificado.

El 17 de abril de ese año llegó un mensaje al celular de Jorge desde un teléfono desconocido. "Yo le doy de comer a su hija y el *Güero* José Guadalupe viola a su niña todos los días. Si quieren verla, está aquí en las carrocerías, afuera de La Guadalupana La Venta. Sobre la carretera de Texcoco." El lugar referido estaba a unos 10 minutos del hogar de Luz. Pronto llegaron más mensajes y quien los enviaba los instaba a apresurarse, porque según él *el Güero* ya había matado a otra niña en enero y había dejado el cuerpo cerca de las vías del tren, por la colonia Lázaro Cárdenas (a seis cuadras de la casa de Luz).

Los policías se apersonaron en la dirección. Efectivamente existía un *Güero* en el domicilio, pero aseguró que no tenía a ninguna niña. Los policías sólo hablaron con él y se retiraron sin inspeccionar el lugar. A los ministeriales les parecía "improbable" lo del rapto, así que forzaron la hipótesis de que Luz había escapado por estar embarazada. Pero Araceli sabía que su hija estaba en su periodo menstrual cuando desapareció. Entonces, los ministeriales elaboraron su "línea de investigación principal": como el papá era adicto, de seguro la había vendido por dinero o por sustancia. Aparentemente, si el padre la había vendido, la desaparición de una niña de 13 años dejaba de ser su problema, y se trataba de un asunto "de la vida privada". Ante esto, Jorge los recriminó:

—Si es así, tráiganla. ¡Métanme a mí a la cárcel pero encuentren a mi hija!

Araceli insistió en interrogar al vecinito que habló con su hija el día en que desapareció. Los agentes finalmente programaron una entrevista, pero justo unos días antes el niño murió en circunstancias violentas. La versión "oficial" fue que el niño regresaba de visitar a un amigo en la colonia Lázaro Cárdenas y al cruzar las vías del tren —las mismas que referían los mensajes anónimos— "no se fijó" y el tren lo mató. En la colonia, corrieron las versiones, algunos vecinos afirmaban que se trató de un suicidio infantil; otros sostenían que lo habían asesinado.

No se pudo hablar con el niño, quien ahora era probablemente otra víctima. La policía sí interrogó a los diversos vecinos, a algunos incluso les hizo la prueba del polígrafo. Pero no arrojó nada. Las pruebas científicas jamás las hicieron: nunca llevaron perros, tampoco investigaron los mensajes o el celular de Luz del Carmen. Por lo general los agentes buscan una declaración o confesión; con ello se conforman. La investigación de indicios objetivos, de pruebas científicas se efectúa raramente y por lo general a destiempo y por ende mal hecha o sin resultados. En el caso de Luz los agentes a cargo alegaron que no tenía caso investigar los mensajes, porque de seguro para entonces los captores habrían tirado el chip del celular. A comienzos de junio, su padre volvió a marcar y entró la llamada. Del otro lado de la línea, un hombre dijo que había comprado el chip en una agencia telefónica localizada en la colonia Agrícola Oriental.

Araceli y Jorge insistieron durante muchos meses en que se investigara al vecino señalado, pero los ministeriales "no le veían caso". En cambio, el hombre en cuestión alegó sentirse acosado y se mudó de domicilio. Se fue a vivir un poco más cerca del cerro de Chiconautla, cruzando las vías del tren en la colonia Lázaro Cárdenas. Poco después, el dueño de la vecindad tuvo un altercado con Charly, el vecino que les habló de los cuartitos del cerro Chiconautla. El dueño lo acusó de haber robado un rollo de alambrón. Así que el pepenador, su esposa Martha, embarazada de nuevo, y su hijito de dos años tuvieron que irse intempestivamente de la vecindad. Se mudaron a la colonia vecina, Laguna de Chiconautla, un lugar aún más pobre, con más problemas de agua, sin alcantarillado... Pero a Charly lo siguieron citando a declarar. Sólo que él pedía un dinero por el día. Los padres de Luz lo daban, con tal de dar seguimiento al caso.

Así pasaron los meses y llegó otro año. El 17 de julio de 2013, en la avenida Ferrocarril, a la altura de la colonia Lázaro Cárdenas, unos caminantes vieron, entre el cúmulo de basura y escombros que la gente arroja ahí, un costal de rafia blanco semienterrado, del que únicamente asomaban bolsas de basura negras y un cráneo humano. Tras la denuncia del hallazgo, agentes de la policía levantaron el cuerpo y lo llevaron al Semefo que se encuentra junto al Ministerio Público de San Cristóbal, Ecatepec. El mismo en el que los padres de Luz denunciaron la desaparición de su hija, un año antes.

Este semefo, según se dice, padece sobrecarga de trabajo, pues recibe entre cinco y ocho cuerpos diarios. Ahí, un médico forense realizó su peritaje. A grandes rasgos estableció que se trataba del cuerpo de una mujer de entre 18 y 22 años envuelto en bolsas de plástico negras, dentro de un costal de plástico blanco, de rafia, como los que se usan para la harina o el azúcar.

El cuerpo no tenía las extremidades inferiores. Como sucede en casi todos los casos de desmembramiento, el forense a cargo se apresuró a concluir que la fauna, es decir, los perros callejeros, habían devorado el cuerpo, sin precisar cómo había ocurrido, dado que la parte correspondiente a las piernas estuvo enterrada hasta el momento en que la levantaron los agentes y los peritos. Se insistió mucho en que los huesos de la pelvis no tenían rastros de mutilación (luego un peritaje independiente confirmó que los restos no tenían signos de cortes). Aquel primer peritaje aseguró que en la dentadura faltaba un incisivo superior y que en un momento *premortem* alguien había efectuado una cirugía para extraer la muela del juicio. También describió que en el tórax ya no había órganos internos (sin precisar la causa de esto) y que éste se encontraba en proceso de saponificación; es decir, había adquirido esa consistencia como de jabón o cera, propia de los cadáveres que entran en contacto con agua estancada o que son enterrados en fosas comunes, sin ataúdes. Se estableció que la causa de muerte fue una puñalada en el lado derecho del tórax, una lesión que le fracturó dos costillas.

Los escuetos informes judiciales sobre la muchacha de las vías del tren sólo arrojan omisiones: no se acordonó el lugar del hallazgo ni se buscaron las extremidades faltantes. Más tarde, los peritajes médicos mostraron otra falla: no hubo tal extracción de una muela del juicio. ¿De dónde sacaron los peritos que había una cirugía dental? Hasta la fecha no se sabe. El servidor público que realizó aquel reporte ya se jubiló, y los ministeriales alegan que puede negarse a declarar. También se extrajo ADN de los restos y se comparó con las muestras de familiares de personas desaparecidas del área: las tres adolescentes desaparecidas entre diciembre de 2012 y febrero de 2013. A los padres de Luz del Carmen jamás los llamaron.

Las pruebas a las familias de las tres adolescentes de Los Héroes y Chiconautla dieron negativo.

Un mes después del hallazgo de los restos en las vías del tren, otra niña desapareció en Jardines de Morelos. Luz del Carmen y Luz María no sólo comparten el nombre, sino también una infancia difícil y haber sido privadas de su libertad prácticamente en la misma esquina.

LUZ MARÍA[3]

La señora Yolanda, una mujer de edad avanzada, adoptó a su sobrina-nieta cuando ésta tenía cuatro años. La nenita había perdido a su madre en Puebla y Yolanda se la llevó a vivir con ella a la colonia Jardines de Morelos, en Ecatepec; por eso Luz María Jiménez Pérez, a quien todos llaman Luzma, le decía "mamá" a su tía abuela. Pasaron los años y en 2013 Luzma contaba ya con 13 años de edad y estaba por pasar a tercero de secundaria; era una estudiante de excelencia y una adolescente bajita, de no más de 1.55 metros de estatura, delgada, con tez morena clara y cabello muy lacio, muy tímida y apegada a Yolanda, probablemente por haber sufrido la muerte de su madre a una edad tan temprana.

Pasaban entre 10 y 15 minutos del mediodía del 8 de agosto de ese año. La señora Yolanda Jiménez pidió a Luz María que fuera a la farmacia por un medicamento.

—Mamá, vaya calentando la comida —pidió Luzma.

Después de comer, viajarían desde Ecatepec hasta la Ciudad de México para una consulta médica de Yolanda.

—¿Vas a querer pollo o un huevito con tus chilaquiles? —preguntó la señora.

—Ahorita que llegue veo, mamá —dijo Luzma, y salió de casa.

No se llevó suéter, ni mochila, ni bolsa. Sólo el dinero del medicamento.

Doña Yolanda puso al fuego los chilaquiles e hizo algunos otros quehaceres. Cuando la comida estuvo lista el reloj marcaba las 12:30. Pasaron 10 o 20 minutos más. "Esta niña se debió

[3] Sólo se logró tener contacto con la familia al inicio del caso.

haber quedado platicando con alguien", pensó Yolanda, y salió a buscarla.

Había dos rutas para llegar a la farmacia, localizada sobre la avenida Jardines de Morelos. Luzma pudo haber caminado sobre la calle Playas de Tijuana y doblar a la derecha, rumbo a la farmacia, o bien pudo tomar Nicolás Bravo. Doña Yolanda tomó la primera por ser la más rápida, llegó al lugar y preguntó a la empleada, a quien conocía.

—Sí, pasó por aquí, compró el medicamento y se fue —respondió la mujer.

Pero no puso atención sobre la dirección que había tomado. Doña Yolanda caminó de nuevo por Playas de Tijuana, recorrió la Nicolás Bravo y se dirigió a casa de la mejor amiga de Luzma, pero ella no la había visto. De hecho nadie más la vio. Llamó a otros familiares para que la ayudaran a buscarla, ya que por su edad avanzada y su enfermedad le era muy difícil hacerlo sola. Así fue que llegaron otras tías y tíos, quienes recorrieron la colonia y, al caer la noche, denunciaron la desaparición en una sede de la procuraduría estatal, en San Cristóbal Centro, Ecatepec.

Los familiares de Luzma siguieron buscando y observaron que sobre una de las calles que pudo haber recorrido había una sola cámara de la red de seguridad pública. Solicitaron que se revisaran los archivos, pero tras muchas vueltas las autoridades admitieron que no funcionaba. La cámara había sido dejada ahí sólo como un medio disuasorio: era una cámara "espantapájaros".

Durante los siguientes días, la familia colocó carteles solicitando ayuda, y como referencia, un teléfono celular particular. A los dos días alguien llamó, aseguró que tenía a la niña y empezó a pedir una suma de dinero. Cuando los ministeriales investigaron el teléfono, descubrieron que era de Oaxaca. Los agentes hicieron un viaje a esa entidad y dos días después detuvieron a unas personas. Pero eran simples extorsionadores, no tenían a la niña.

Así que para la policía la principal línea de investigación era la usual: Luzma se fue por propio pie. Acusaron a Yolanda de maltratar a su sobrina y entonces los demás familiares defendieron a la anciana. Fabiola, otra tía de Luz, les reviró: "¡Primero encuentren a mi sobrina y ya después, si quieren, nos meten a todos a la cárcel!" La familia ayudaba, pero la realidad es que la mujer más cercana a Luzma, Yolanda, era una mujer anciana y enferma. No podía dar seguimiento cabal a la desaparición de su pequeña...

En la misma esquina en la que Luz del Carmen y Luz María fueron secuestradas ya había desaparecido otra joven: F. Ella ya no era una adolescente al momento de desaparecer, sino una joven madre de 26 años que buscaba trabajo para hacerse de un dinero y hacerle una fiestita de cumpleaños a su hijito.[4] La prensa lo narró en su momento: en enero de 2012 (antes de la desaparición de Luz del Carmen), Rosa y su hija F. encontraron dos anuncios sobre el puente que cruza hacia la Central de Abasto de Ecatepec en la carretera federal Texcoco-Lechería. Ahí solicitaban a una persona para atender una tienda de regalos y hacer la limpieza, y pedían contactarse a un número telefónico.

F. llamó y una persona la citó en el puente donde habían hallado los anuncios. Fueron F. y su madre, pero nadie más se presentó, por lo que llamaron de nuevo y esta vez la citaron en la tienda El Neto, sobre la calle Nicolás Romero, de Jardines de Morelos, a apenas unos pasos de la farmacia a la que fue Luz María antes de desaparecer; a F. le exigieron ir sola. La joven así lo hizo y llegó

[4] Éste es el único caso en el que no se estableció contacto alguno con la familia de la víctima en ningún momento.

a aquella tienda, sin compañía, en la mañana del 9 de enero de 2012. No se volvió a saber nada de ella. Había cámaras de vigilancia; algunas versiones dicen que, por alguna razón, el dueño de la tienda se negó a entregar los videos.[5]

"Usted disculpe, sí es su hija"

En 2014 —no recuerda la fecha exacta o el mes—, durante sus búsquedas por los Semefos, Araceli González "dio" con el cuerpo de las vías del tren. Recordó que en uno de los mensajes anónimos que recibieron cuando recién desapareció su hija Luz aseguraban que el raptor ya había matado a una niña en enero de 2012, y que había dejado su cuerpo por las vías.

Araceli pensó que quizá aquellos restos hallados pertenecían a la niña referida y que probablemente investigarlos la llevaría a Luz, así que pidió un análisis de ADN a las autoridades mexiquenses para que lo confrontaran con el suyo. En la fiscalía mexiquense de Delitos y Violencia contra la Mujer le aseguraron que el resultado era negativo. Pero Araceli ya tenía camino recorrido en las búsquedas y sabía que no debía confiar de buenas a primeras en las autoridades; había tomado cursos con el Equipo Mexicano de Antropología Forense y ya sabía qué exigir a las autoridades. Pidió ver los tabuladores del análisis de ADN. Tras revisar una carpeta en la oficina de la fiscal Dilcya Espinosa de los Monteros, una licenciada de nombre Rosa le informó que los tabuladores no se encontraban en el expediente, que se habían "perdido". Araceli sintió mala espina y exigió otra prueba de ADN. Le dijeron que sí.

[5] Esto declararía después Juan Carlos Hernández, en 2018, cuando fue detenido e imputado por las desapariciones.

—Dilcya, por favor, avísame cuando se realice la exhumación, para poder ir —rogó Araceli.

—Claro que sí, no te preocupes.

Araceli quería estar presente en el proceso de toma de muestras, pero sobre todo deseaba que la PGR realizara sus propios análisis de ADN; desde tiempo atrás, por gestión de la Red de Madres Buscando a sus Hijos, la Fevimtra daba seguimiento a la desaparición de Luz través de un licenciado de apellido Carmona, y por las malas experiencias con los peritajes mexiquenses la mamá quería asegurarse de que se hicieran bien las cosas.

Dilcya avisó a Araceli únicamente con un día de anticipación. Eso entorpeció la intención de Carmona, quien incluso con tan poco tiempo pudo conseguir unos peritos que la ayudaran. Pero al llegar a la exhumación, con los tiempos apretados y luego de una confrontación entre autoridades estatales y federales, no fue posible hacer un buen trabajo y los federales tomaron muestras poco adecuadas. Una vez que éstas llegaron a un laboratorio en Tlaxcala, les informaron que no eran viables.

Por su parte, la fiscalía del Estado de México supuestamente procesó sus propios análisis, pero cada vez que Araceli preguntaba al respecto, le contestaban que los resultados todavía no estaban listos. Así pasó medio año. Entonces, en la Fevimtra, el mismo licenciado Carmona realizó el papeleo necesario para tomar una nueva muestra. A veces, queriendo no encontrarla así, muerta, Araceli le decía: "Ya déjelo, ya me dijeron que no era Luz". Pero Carmona meneaba la cabeza: "La tenemos que descartar. ¿Qué tal que sí es su hija?" Ésta fue la tercera confronta genética de la muchacha de las vías del tren. En esta ocasión fue Carmona quien coordinó la diligencia, y las cosas por fin salieron bien. Por cierto, la procuraduría mexiquense tomó también nuevas muestras.

Durante todo este tiempo, Araceli y la Red de Madres se enfrentaron con otros problemas. Como todo el sistema de justicia en el país, la PGR es una institución laberíntica, en la que los casos se construyen sobre papeles y oficios, y en la que de manera más o menos aleatoria se crean y se destruyen fiscalías, se cambian casos de una a otra, se relevan agentes ministeriales y en cada ocasión las investigaciones inician de nueva cuenta. Todo es un vaivén al ritmo de alguna nueva política pública, de algún nuevo servidor público...

A finales de 2015 la Fevimtra cambió de titular. Llegó a dirigirla Ángela Quiroga, y con ella una orden que venía de escalafones más arriba: reducir al máximo el número de casos que acompañara la Fevimtra, la cual, según su descripición, se dedica a la investigación de trata de personas. La fiscal entonces se reunió con la Red de Madres y explicó que en su mayoría las desapariciones de la Red de Madres no estaban ligadas a la trata de personas, por lo cual propuso regresar los casos directamente a las fiscalías estatales. Uno de esos casos de regreso sería el de Luz del Carmen: era improbable, dijo la nueva fiscal, que fuera víctima de trata. Directamente le dijo a Araceli que no había indicios de que se tratara de ese delito. Araceli reviró: "¿Pero cómo sabe que no lo es, si nadie sabe dónde está o qué le pasó?"

La Red de Madres protestó por la designación de la nueva fiscal. Insistió: en primer lugar, no se podía simplemente descartar la trata como línea de investigación. Además, muchos casos habían sido muy mal llevados en los estados originarios y en varios de ellos se presumía la participación directa de las autoridades. Y, además del tiempo perdido que implica cambiar de fiscalía y de agentes, estaba el hecho innegable de que la PGR cuenta con más recursos para la búsqueda; tan sólo poder entrar al programa de recompensas ya era una ayuda invaluable. Durante aquellos meses entre los familiares de víctimas y las autoridades se dio un intenso estira y afloja.

Ya entrado el año 2016, la fiscal Quiroga concedió que los casos continuaran a cargo de la PGR, pero no en la Fevimtra, sino en la recién creada (y con menor presupuesto) Fiscalía de Desaparecidos. Las familias entraron a una batalla por el reconocimiento de sus derechos con las fiscalías especializadas, sobre todo con la oficina de Atención a Víctimas. Todo el entramado burocrático entra en un torbellino de transformación con cada cambio de administración, con cada cambio de nomenclatura o con alguna pequeña modificación en la ley. Así, a cada rato, los casos, como si fueran videojuegos, "reinician" y cambian de agente, que debe conocer toda la historia desde el principio. Algunos agentes son muy comprometidos, pero otros no. Y es que el sistema de justicia, tanto federal como local, no es monolítico. En eso estaban las familias de la Red de Madres: en la lucha por que sus casos no fueran reubicados.

Pero el caso de Luz del Carmen ya no llegó a dicha Fiscalía de Desaparecidos. En esas fechas por fin estuvieron listos los análisis de ADN: la Fevimtra le informó a Araceli que el resultado era positivo. La muchacha de las vías era Luz del Carmen. Sin embargo, a esas alturas Araceli ya no creía en nada ni en nadie. Desconfiaba de los análisis de ADN, y de todo lo demás. Los peritajes iniciales estaban muy mal hechos: aquel cuerpo nunca había tenido una cirugía de muelas del juicio, aventuraba el primer peritaje. Todas las muelas se encontraban ahí. La edad aproximada estaba mal y no había datos suficientes sobre el levantamiento del cadáver. Además, ahí estaban los casos de ADN incorrectos. Así que Araceli exigió un nuevo análisis genético, independiente y confiable, supervisado por el Equipo Mexicano de Antropología Forense. Fue entonces cuando Leticia Mora Nieto unió los casos de Margy y Araceli, para asegurarse de que se realizaran los peritajes independientes.

Margy logró identificar el torso que correspondía a su hija; el otro, se estableció, pertenecía a una muchacha de características similares a las de Diana, que fue asesinada probablemente en los mismos días. Las autoridades llamaron a los familiares de las desaparecidas, hicieron confrontas genéticas y buscaron en los registros de ADN de todo el país. Pero hasta mediados de abril de 2023 no se había dado con los familiares.

A la fecha, Margy continúa haciendo una revisión exhaustiva del expediente de Diana y presionando para que lo arreglen. Sabe que si detienen a alguien y el expediente se encuentra como está, es posible que los asesinos queden libres. Ella siempre insiste en que hay buenos policías y buenos ministeriales; pero muchas veces por negligencia, por descuido, o incluso por no saber cómo hacer los procesos, las cosas salen muy mal.

Ella promueve también que se hagan análisis exhaustivos de todos los restos hallados en el Río de los Remedios. Pero sabe que no puede hacer más; quienes se llevaron a su hija son miembros del crimen organizado, no sabe si forman parte de la banda que se le atribuye al Mili; desde el inicio, ella escuchó otras historias. Lo que sí le queda claro es que se trata de un grupo violento y misógino. Sabe que ella sola no puede luchar contra ellos.

En el caso de Araceli, el estudio fue realizado en laboratorios en Estados Unidos y bajo la supervisión del Equipo Mexicano de Antropología Forense, confirmó que la muchacha de las vías era Luz del Carmen y que los peritajes del primer y definitivo momento del hallazgo, en julio de 2013, habían sido muy mal realizados.

Despedir la Luz

A finales de junio de 2017 Araceli, su esposo y todos sus conocidos y amigos se dieron cita en el panteón de Texcoco para despedir a Luz. Araceli, alta, de mirada dulce, encabezó la ceremonia. Ella aparenta cierta docilidad, pero en realidad cuenta con una resistencia casi sobrehumana. Lleva a cuestas la carga económica de su familia, la desaparición de Luz, al esposo que ha quedado destruido por la pérdida de su única hija, la investigación del feminicidio de la niña, la presión contra las autoridades, a los agentes del Ministerio Público, la denuncia incansable... Así es Araceli, como un toro que resiste la carga y que no pierde la paciencia; de enorme fortaleza, pero con profunda dulzura. ¿Pero por qué una sola mujer debe llevar toda la carga? ¿Por qué una sola mujer debe dejar la vida entera para que el feminicidio de su niña no quede impune? ¿Por qué una sola mujer debe buscar a su pequeña durante cinco años, hasta hallarla a menos de un kilómetro de su casa?

De Luz quedan pocas fotografías. La que persiste en el recuerdo es aquella con la que la buscaron: su rostro a tres cuartos, su mirada dulce, como la de su madre, su sonrisa...

Esa tarde de junio, el padre de Luz, enflaquecido, no podía contener el llanto. Al lado, Araceli tristísima, pero siempre resistiendo y sosteniendo. Al día siguiente, como todos los días en los que buscó a Luz, Araceli se levantó, esta vez para exigir justicia, para que se investigara el feminicidio. En esta ocasión también tuvo que combatir la infinita tristeza de su esposo, quien se derrumbó, quien en ocasiones visitaba la tumba de su hija y le decía: “Espérame, mi niña, pronto te voy a alcanzar”. Fue Araceli quien exigió que se siguiera indagando la única pista: en una de las tantas veces que los investigadores fueron a la refaccionaria del Güero, aquel que era denunciado en los mensajes, el hombre no estuvo, pero salió una muchacha que al ver la fotografía dijo reconocer a Luz.

⋆ ⋆ ⋆

Araceli siguió presionando para que detuvieran al Güero, lo interrogaran, inspeccionaran la refaccionaria. En eso estaban cuando, en octubre de 2018, una noticia estremecería el país…

LA VERSIÓN DEL *MILI*

"*El Mili* no vendía droga", dice, tajante, Baldomero Mendoza, abogado defensor de Erick San Juan Palafox. "Lo de la droga... eso está en las conversaciones de Facebook que encontró la mamá." "Es cierto que se menciona el nombre de Erick, eso es cierto. Sólo que esas conversaciones están alteradas", abunda.

Para él éste es el punto nodal de la defensa: "Es muy fácil saberlo: Bianca escribía de una forma muy particular. Puras minúsculas, repetición de letras; ni se le entendía. Francamente escribía muy mal. Y justo donde se incrimina a Erick, está bien escrito y con mayúscula. Está bien escrito, así que no fue ella", concluye Mendoza.

Pareciera una paradoja, un chiste macabro, doloroso. Irish supo que su hija no era la autora de los mensajes que recibió durante más de dos meses después de desaparecida por la forma en que estaban escritos. Ahora, el abogado defensor del *Mili* alega lo mismo para las conversaciones de Facebook que incriminan a su defendido de haber convencido a una niña de 14 años de vender mariguana.

* * *

En marzo de 2015 un joven abogado era noticia en los medios nacionales. El litigante, constitucionalista y profesor universitario, Baldomero Mendoza, llevaba ante la Suprema Corte de Justicia de la Nación el último tramo en la defensa de Alfonso Martín del Campo Dodd, acusado de asesinar a su hermana y a sus cuñado en mayo de 1992.[6] El imputado denunció que fue torturado al ser detenido y que fue condenado por los homicidios mediante la confesión que firmó. Prácticamente tras 25 años de entretelones judiciales, la Corte máxima del país determinó su libertad. Y Baldomero Mendoza se cubrió de la gloria de los derechos humanos en México. Fue este caso el que lo llevó a defender al *Mili:* la madre de Erick San Juan Palafox lo vio dar entrevistas por televisión justo después de que Martín del Campo obtuvo su libertad, así que decidió buscarlo y pedirle la defensa de su hijo.

Mendoza ha sido el defensor del *Mili* durante los últimos tres años, aunque lo ha hecho de forma discreta. De hecho, en las pizarras de los juzgados de Otumba —donde se libró el juicio del *Mili*— el nombre del defensor jamás fue hecho público. Hasta abril de 2018, cuando sentenciaron al *Mili* a 70 años de prisión por el delito de homicidio agravado, Mendoza no ha dado entrevistas, ni ha difundido su participación jurídica. Ahora se encuen-

[6] Alfonso vivía con su hermana Juana Patricia, su cuñado Gerardo Zamudio y las hijas de la pareja. La noche del 30 mayo el matrimonio fue asesinado en su habitación, con decenas de puñaladas cada uno. Alfonso fue hallado caminando sobre la carretera México-Cuernavaca. Narró que hombres encapuchados entraron a su domicilio y él los sorprendió cuando escuchó gritos, después de que mataron al matrimonio; que a él lo secuestraron en uno de los automóviles de la familia, que finalmente chocaron en la carretera y lo abandonaron. El acusado fue torturado por policías judiciales del Distrito Federal y firmó una confesión. Después peleó por su libertad durante décadas. Las hijas del matrimonio, sin embargo, acusaron al tío como el autor del crimen; una de ellas aseguró que vio a su tío *Chacho* matar a su madre cuando tenía cuatro años. El caso, sin embargo, fue avanzando en los tribunales. En 2013 llegó a la SCJN y fue rechazado. Finalmente, en 2015, bajo la defensa legal de Baldomero Mendoza, Alfonso Martín del Campo alcanzó la libertad.

tra en su lujoso despacho privado en el centro de la Ciudad de México: altos techos, propios de los viejos edificios del centro; pisos de madera impecables, cuadros de muralistas, y las infaltables litografías de la Revolución mexicana. Mendoza, en su amplia oficina —únicamente el escritorio, las sillas y una pequeña cantina—, prepara la apelación.

> No se trata simplemente de tomar el asunto por tomarlo. Se hace toda una investigación para determinar si se trata efectivamente de una violación a los derechos humanos. Y, bueno, llegamos a la conclusión de que la fiscalía había violentado y había fabricado todo el caso en contra de Erick [...] Cuando lo detienen, van por él a Ciudad Victoria o Reynosa; estaba de servicio. Los policías que van por él lo detienen y lo torturan, llega al Estado de México y sigue sufriendo tortura, y cuando llega a audiencia... [se interrumpe un momento] Hay cosas que llaman la atención como defensor: cuando el juez le dice que si es su deseo declarar, Erick se voltea a su defensor público para preguntarle qué hacer. Y éste le responde: "Como tú quieras". Entonces Erick dice: "Sí, voy a declarar". Regularmente, cuando las personas son asesoradas, les decimos que guarden silencio, o que contesten preguntas del defensor únicamente. Pero Erick renunció a contestar preguntas del defensor ¡y sólo contestó preguntas del ministerio público!

Baldomero continúa:

—A Erick le dijeron lo que debía declarar: "Sí la puse a vender droga y sí le di veinte pesos". No dijo nada más. No contó una historia, no hiló nada. Sólo estaba contestando lo que querían. Y en la audiencia, el ministerio público constantemente lo está viendo y le está haciendo señales; era una agente, una mujer. Ella fue la que ordenó la tortura en contra de Erick...

—¿Cuál era su nombre?

—Una licenciada... la licenciada Sayonara... Una licenciada... muy gorda.

—¿Tienes pruebas de la tortura?

—Está una investigación. Él muestra lesiones al momento de ser presentado. Y con base en esas lesiones se ordenó una investigación.

—Yo lo que sé del expediente es que de las conversaciones del Facebook se desprendió lo de la venta de droga...

—Una de las partes de la investigación en contra de Erick, la señora [Irish], siempre quiso que se *hackearan* las conversaciones de su hija, porque no tenía las claves de acceso para ella. Ella dice que una tarde encontró en una libretita anotada las claves y que las puso en el Facebook, y que una de ellas coincidió. Y dice que con ello entró a ver las conversaciones, y que encontró justamente esas declaraciones.

Baldomero se explaya en el tema del Facebook.

—La señora [Irish] toma las conversaciones y las lleva ante el Ministerio Público. El perito baja todas las conversaciones y éstas son las que van a presentar al juicio. Sólo que tienen unos problemas bastante graves: jamás certificaron las certezas de esas conversaciones. Cuando el MP presenta al perito en juicio, el perito dice: "A mí me dieron una USB; esta USB me daba unas claves. Cuando yo ingresé esas claves [al Facebook de Bianca] jamás entré. Y envié oficio al Ministerio Público para que me dijera cuáles eran las claves. Me regresaron el oficio con otras distintas y es cuando yo ingresé.

"Cuando yo le pregunto que si en ese tiempo pudo darse una manipulación de la información, él me dice que sí. Luego, cuando él baja toda la información, deberían encontrarse ahí mismo en la USB los metadatos para ver [cómo se generaron las conversaciones, etc.] en internet. La USB que la fiscalía presentó en juicio carece de metadatos. La USB debía contener únicamente tres archivos, y no fue así. Traía como diez, porque, además, esa memoria carece de cadena de custodia: no viene registrado que haya pasado de uno al otro al otro; carece de etiquetados y de embalajes.

"Después, cuando se abren las conversaciones, es cierto que se menciona el nombre de Erick. Es cierto que [Bianca] dijo que iba a vender mariguana; eso es cierto. Sólo que está alterado... [Baldomero se interrumpe para llamar a una de sus secretarias] ¡Aránzazu, búscame el expediente de Erick San Juan Palafox! [se dirige a mí otra vez]. Es que es muy fácil saberlo. Bianca escribía de una forma muy particular. Y justo donde se incrimina a Erick, está bien escrito y con mayúscula..."

Unos días más tarde le pregunté a Irish:

—Oiga, me dice el abogado del *Mili* que el perito efectivamente avaló que los mensajes podrían estar alterados...

—El abogado del *Mili* dice que nosotros manipulamos los mensajes. Pero nosotros vimos los mensajes después de meses [de que Bianca fuera localizada muerta]. Yo se los di a la MP, y ella los puso en cadena de custodia y los presentó ante el juez. Y ellos dijeron que sí. Nos los aceptaron como pruebas. Por eso fue que detuvieron al *Mili*. Cuando fueron las audiencias [el perito dijo] que uno no podía manipular los mensajes del Facebook. Ni siquiera el titular [de la cuenta]. A lo mejor los puedes borrar, pero no puedes manipular la fecha del mensaje.

Regresando a la entrevista con Mendoza, en el despacho del Centro Histórico, éste insiste:

—El gran problema es del Estado, porque tanto el Ministerio Público como los jueces le han hecho creer a la señora [Irish] que van a impartir justicia, cuando no es así. ¿Qué es lo que va a suceder con el caso? Se va a caer. Te juego mi cédula profesional a que se va a caer.

—¿Por qué?

—Porque mucho de lo que hicieron los jueces en el Estado de México son procedimientos que la Corte ya dijo que son inconstitucionales. Entonces, ¿qué es lo que va pasar? Se va a repetir todo el juicio, quitando todo lo que le violaron a Erick. Se va a caer el asunto. Por ejemplo, una de las pruebas es que dijo Francisco que sí lo conocía. El problema es que nunca llevaron a Francisco al juicio; sólo leyeron sus declaraciones. Al juicio sólo fue uno que le apodan *el Gato*, porque ya es mayor de edad.

Baldomero pasa a enlistar una serie de violaciones al derecho al debido proceso: al *Mili* lo juzgaron cerca de 9 o 10 jueces. "Eso es anticonstitucional. Lo juzgaron más allá del tiempo que establece la Constitución; esto también es anticonstitucional. Le violentaron el tiempo de la prisión preventiva (casi cuatro años, cuando debía ser en uno para ser juzgado y máximo dos)."

—¿Qué hay sobre las casas de seguridad?

—¿Y sí te dijeron que esas casas fueron alteradas por los peritos?

—Lo que sé es que no llevaron Luminol.

—Cuando entraron al domicilio donde dicen que violaron a Bianca, bueno, donde dicen que la torturaron, ese domicilio, cuando entraron los peritos para poder incriminar a Erick, había sido alterado. Estaba vacío, no había nada, y habían pintado ya. Y sobre la pintura de la casa, nueva, estaba la supuesta sangre. Unas manchitas nada más. Y eso lo acredité en juicio, pero el juez dice que no es suficiente para decir que ahí no fue. El lugar fue alterado.

La inspección de las otras casas de seguridad halladas en Tecámac, a las que han llevado padres de desaparecidos, no se incluyeron en el juicio del *Mili*.

—Baldomero, ¿estás de acuerdo en que sí vendían droga?

—Erick, no.

—Bueno, ¿los ponía a vender?

—No tenía ninguna relación con ellos —matiza—. Es decir, relación en el sentido de vender drogas con ellos, no. Es decir, sí los conocía porque Francisco cuidaba los perros de Erick. Erick era militar, vivía solo y tenía unos perros en su casa. Entonces él dice que todas las tardes él veía a Francisco y a sus amigos. Entonces le pidió a este Francisco que le hiciera el favor de cuidar a sus perros cuando él no estuviese por tiempos prolongados. Paco le cuidaba sus perros y les daba de comer. Por eso en las declaraciones de Paco Matadamas éste dice que se metía a la casa de Erick. ¿Él tenía llaves de la casa de Erick? Sí. "Es mi vecinito", me dijo Erick, y éste le daba una lana. Erick me dijo una vez: "Yo llegaba y seguido [Paco y sus amigos] hacían fiestas, y un día llegó y me pidió que si podían hacer una reunión en mi casa y yo le dije que sí". Por eso es la famosa foto que están en su casa.

—¿Qué sucede con Paco y los demás chavos? Que los torturan, y cuando les preguntan quién los dirige, Paco dice que es Erick.

[Paco y *el Mili* no tenían relación... Imposible no pensar: "¿Y las fotos?, ¿y los comentarios de Erick en las fotografías de Bianca, fechadas desde 2011?, ¿y los álbumes de fotos de fiestas que ocurren cuando Bianca ya está muerta?, ¿y la presencia de Erick en la fiesta de graduación de Paco en compañía de su esposa?, ¿y la mamá de Paco haciéndole un pastel a Erick?, ¿y Erick enlistando a Daniel y a Bianca como sus 'hermanos'?"]

—¿Quién mató a Bianca?

—No lo sé. *El Mili* no.

—¿El policía estatal José Ramón fue llamado a declarar?

—No.

—¿Y los compañeros de Erick: Alan y *el Muerto*?

—Fueron a declarar y dicen que no saben nada, que no les consta nada. Y que incluso el día de los hechos ellos estuvieron custodiando, junto con Erick, el Museo del Automóvil.

—¿Se presentó algún tipo de bitácora para confirmar que Erick y sus amigos estuvieron custodiando el Museo del Automóvil?

—El ejército no proporcionó ninguna. Sólo están las declaraciones de ellos dos.

—¿Gaby declaró?

—No.

—¿Hubo reporte de alguna diligencia por parte del MP para contrastar lo que ellos declaran con algún crimen del área no resuelto?

—No.

—¿Cuántos domicilios tenía Erick?

—No sé.

—Algunos me dijeron que alguna ropa hallada en las casas de seguridad era de la esposa del *Mili*.

—La esposa ya lo había dejado. Incluso no declaró. Se reservó sus derechos.

Llegado a este punto Baldomero comienza a cansarse e insiste en el tema de la inconstitucionalidad:

—Hay al menos dos niñas muertas vinculadas al *Mili* [Bianca y Diana]. Al ser tú abogado de derechos humanos, ¿cómo lidias con el hecho de que se percibe impunidad en un caso terrible como estos feminicidios?

—Si llega, por ejemplo, Erick a quedar libre, la culpa no la tiene Erick y la culpa no la tengo yo. La culpa la tiene el Estado; la tiene la fiscalía por armar casos que saben que se les van a caer. Por ser autoritarios, por violentar derechos al momento de construir los casos. Si hay alguien responsable frente a la señora es la fiscalía, por haberle hecho creer que le están dando justicia. Y si se le cae el caso es culpa de la fiscalía. Ése es el problema de las fiscalías en México: siguen siendo autoritarias y siguen con la fabricación de pruebas. Mucho de lo que hacen lo hacen violentando derechos, y aun en el supuesto de que sí sean [culpables] las personas, se les caen los casos por esa circunstancia. La situación está en cómo actúan las policías y cómo llevar a cabo investigaciones profesionales. Ése es el gran problema.

—¿Tienes copia del peritaje de que las conversaciones son manipuladas?

—Sí, pero no te las puedo dar —aunque hace un momento le pidió las conversaciones a Aránzazu.

Baldomero ya está cansado; se siente hostilizado. Y probablemente con razón. Quiero bajar la tensión, quiero entender su postura; equilibrar, comprender. Pero no puedo. Recuerdo el primer caso de derechos humanos que enfrentó profusamente a dos sectores de las organizaciones de derechos humanos: la matanza de Acteal.

En diciembre de 1997 un grupo de paramilitares masacró a 45 indígenas tzotziles (en su mayoría mujeres y niños, entre ellos una bebé de 11 meses) mientras se encontraban rezando. Tras un proceso plagado de irregularidades, 20 personas fueron encarceladas y condenadas. Desde el inicio hubo certeza de la participación de algunos, pero otros efectivamente se encontraban fuera de la región cuando sucedieron los hechos. En 2009 la Clínica de Interés Público del Centro de Investigación y Docencia Económicas llevó el caso hasta la SCJN. Defendió a todos: a aquellos de quienes había la certeza de su participación y a aquellos de quienes había la certeza de su inocencia. Fue la primera vez que vi a dos grupos de defensores de derechos humanos confrontados al grado de la hostilidad. Los que habían defendido a las víctimas de Acteal en 1997 lloraban y se dolían en la sala de la Suprema Corte. Los otros defensores de derechos humanos, los que defendían a los encarcelados, celebraban. Uno podía imaginar que llegarían a casa a abrir la champaña. La opinión pública se dividió: ¿era el caso Acteal un éxito de los derechos humanos o en realidad se trató del reflejo de la derrota del sistema de justicia?

Una gran mayoría de los familiares que buscan a sus desaparecidos reniega de los derechos humanos. Dicen que sólo defienden a los asesinos. Una frase que he escuchado una y otra vez en esta historia es: "¿Y quién defiende los derechos humanos de mi hija?" Por otra parte, han sido precisamente los defensores de derechos humanos los que han evitado que muchos casos de feminicidio queden impunes. Ahí está la sentencia de Mariana Lima Buendía, en 2015, que establece que todas las muertes violentas de mujeres deben investigarse con perspectiva de género y la debida diligencia. Y de no ser por las defensoras de derechos humanos, ¿qué habría sido del caso de Mariana Elizabeth?

¿Pero es esta la forma de encontrar la verdad de lo que ocurrió? Dice Gelman que lo contrario al olvido no es la memoria, sino la verdad. Esa verdad simple, no retórica: ¿Por qué desaparecieron, quién se las llevó, dónde se encuentran, quién las asesinó ¿Será por eso que este país no guarda memoria?

En esta crónica se ha documentado la desaparición de un puñado de adolescentes, y el feminicidio de una seis jóvenes entre los 14 y los 19 años de edad. Exceptuando el de Bianca, todos los casos se encuentran sin resolver, impunes. ¿Cómo revisar el derecho a un debido proceso de Erick Sanjuan Palafox, y a la par abatir la impunidad del feminicidio de Bianca, o de la adolescente secuestrada y asesinada un año antes que Bianca? ¿Qué hay de

Diana, mantenida con vida por cinco meses antes de ser asesinada?; ¿qué hay del torso femenino no identificado; ¿qué hay de Mariana?, ¿o los cuerpos masculinos hallados en el canal, así como de las dos muchachas halladas sin vida en la carretera rumbo a Pachuca?; ¿y qué hay del feminicidio de Luz del Carmen, el caso que para las autoridades de la PGR "no era importante", aunque quizá fue secuestrada durante un año entero antes de que la mataran?; ¿qué hay de la muchachita cuyo único recuerdo es la foto de su cuerpo expuesto al escarnio en la computadora del abogado Mata?; ¿y qué hay de las desapariciones de Yeni y las dos muchachas que vivían cerca de ella?, ¿qué hay de Andrea, de Luz María; qué hay de la muchacha que salió a buscar trabajo para hacer una fiesta de cumpleaños a su hijo y ya no regresó?

En este país de fosas clandestinas, de mujeres desaparecidas, tragadas por la tierra, de niñas de 14 años descuartizadas y arrojadas en el canal, o de 13 años desmembradas y enterradas junto a las vías del tren, en esta región de violencia sexual impune, no hay verdad, hay versiones. Hay versiones históricas; versiones de la defensa. Versiones de la policía. Axiomas constitucionales. Está la versión que sembró Paco sobre Bianca. Las versiones de los peritajes corruptos y contrahechos. Y está la memoria de los padres que buscan a sus hijas por todo el país.

En el kilómetro 48.5 de la carretera México Pachuca hay muchas cruces, que tratan de guardar la memoria de una muerte. Unas cinco o seis, pero ninguna es de Bianca. El lugar donde ella fue encontrada, frente a la entrada de un negocio para servicio de tráileres y otros vehículos de transporte, alguna vez portó la cruz que los padres de Bianca colocaron para honrar la memoria de su hija. Mas los transportistas la tumbaron un par de veces por accidente, así que los familiares la colocaron pegada a la pared. Luego, el negocio remodeló la banqueta, y la cruz volvió a ser arrancada.

Hoy en día, la gente que trabaja en los alrededores apenas recuerda el caso; vagamente hablan de la mañana en la que una muchacha fue hallada vestida, con pies descalzos y el pelo revuelto.

México está sumido en la desmemoria. ¿Seremos capaces de hallar lo qué necesitamos recordar?

EL HOYO NEGRO

Por su responsabilidad en el homicidio calificado de Bianca, Francisco y *el Piraña* fueron sentenciados a 4 años 7 meses de detención en un centro para adolescentes. *El Gato* fue condenado a 4 años y nueve meses. Y es que en el momento del crimen eran menores de edad: *el Gato* tenía 17 años, y *el Piraña* y Paco tenían 15.

Una noche de agosto de 2016 un reportero le preguntó a Irish si era cierto que Francisco sería preliberado. Irish no supo qué contestar; era la primera vez que tenía noticia de algo así. Tras hablar con el reportero llamó a fiscales y policías, e incluso al Centro de Internamiento para Adolescentes Quinta del Bosque, en el municipio de Zinacantepec, donde se encontraban detenidos los tres jóvenes. Todos, autoridades, policías y autoridades de la Quinta, le aseguraron que no era cierto. Pero ella no pudo dormir. Al día siguiente las mismas autoridades la llamaron. Le dijeron que, efectivamente, Francisco había sido liberado. Dicen que salió de la finca riéndose y diciéndoles a los otros: "Ahí se quedan por pendejos". Le explicaron a Irish que el joven interpuso un recurso con el que apelaba la nueva ley de justicia para adolescentes. Y lo ganó. Paco quería ser abogado.

Las mismas autoridades le aseguraron a Irish que ni el procurador del Estado de México, ni nadie, sabía que una juez benefició a Francisco. Al enterarse, Daniel y Ricardo también recurrieron a ese recurso, pero se los negaron. Salieron libres en el año 2019.

Tiempo después, Irish apeló la preliberación y un juez dio una orden de revisión de sentencia. Se citó a Francisco a una audiencia y éste, por supuesto, no asistió. Desde entonces está en calidad de ilocalizable.

En los ministerios públicos de Tecámac el caso del *Mili* y los tres adolescentes sigue siendo tabú. Dicen que el caso es oscuro. Que es mejor no destapar coladeras; no vaya a ser que caiga uno en ellas.

Las mejores amigas de Bianca ahora se encuentran en la universidad. Rondan los 20 años. A veces coinciden en los pasillos; se saludan, pero ya no conviven, ya no se frecuentan. Lo ocurrido a Bianca, su desaparición, la forma en que fue hallada, fue un hoyo en el que cayeron todos sus sueños, su confianza y también su amistad. Fue tan doloroso perder a una amiga y luego saber que un amigo cercano fue el responsable, que todas optaron por hacerse una vida nueva lejos de esa memoria. Les duele no ser amigas ya, pero están mejor así.

Sobre Andrea Michael (desaparecida en agosto de 2014) no hay pistas ni indicios hasta la fecha; tampoco de A. y L., secuestradas en febrero de 2013.

Ahora, los rumores que corren en la zona de Tecámac son que desde hace un tiempo es el Cártel Jalisco Nueva Generación el grupo que lidera. A inicios de 2018, en el cerro de Chiconautla, zona que es ligada a la trata de personas por los casos de Jardines de Morelos, los pobladores denunciaron que incluso hubo toque de queda debido a las balaceras y enfrentamientos entre grupos delictivos.

El Observatorio Nacional Ciudadano contra el Feminicidio sigue acompañando a la familia de Mariana Elizabeth. María de la Luz Estrada cuenta que de los feminicidios y las desapariciones de mujeres en Tecámac no hay nada estadístico: no hay datos, no hay registros. Es un hoyo negro. Muchas mujeres de Ecatepec desaparecieron en Tecámac, o todo parece indicar que ahí las llevaron. Pero no hay una investigación sólida; desde finales de 2017 se impulsó en la fiscalía de Toluca la Unidad de Análisis y Contexto, realizada; pero se trató de una oficina que operó desde la capital mexiquense, a dos horas de los lugares referidos, analizando únicamente los expedientes, con poco y desarticulado contacto con las familias. En el municipio de Tecámac, no se activó la alerta de género.

No se sabe con certeza cuántos restos fueron recuperados en el Río de los Remedios durante los dragados de 2014, ni cuántos de aquéllos tienen características similares, ni a cuántos de ellos se les realizaron pruebas genéticas. No se sabe si se siguen realizando dragados. Sin embargo, el canal y sus ramales han seguido escupiendo restos embolsados y descuartizados. En 2017 las piernas de una mujer asomaban desde un ramal del canal.[1] Y junto a las vías del tren también siguen abandonando *piecitos, manitas.* Apenas el 12 de marzo de 2018 vecinos de la calle Playa Hermosa (una calle repleta de basura junto a las vías del tren, no muy lejos de donde fueron hallados los restos de Luz del Carmen) encontraron un pie izquierdo y dos manos de mujer, limpiamente cercenadas, al interior de bolsas de basura negras. No hay indicios de que autoridades investigaran esto, pero, en octubre de aquel mismo año, se supo quiénes fueron los responsables.

[1] En abril de 2017 de nuevo fueron hallados los restos descuartizados de una mujer en un ramal del Gran Canal, a unos 20 minutos de Los Héroes, en Ecatepec. Consultado en: https://reporterosenmovimiento.wordpress.com/2017/04/17/localizan-cuerpo-de-mujer-en-bolsas-arrojadas-a-canal-de-ecatepec/

UNA LLAMADA EN LA MADRUGADA

El teléfono la despertó en la madrugada. Leticia Mora Nieto, de la Red de Madres Buscando a sus Hijos, tomó el celular. Era un abogado que trabajaba en la fiscalía mexiquense, uno de esos funcionarios con los que habían trabado confianza para buscar a las niñas y mujeres desaparecidas, y para dar seguimiento a feminicidios brutales. Él le dijo más o menos lo siguiente:

—Oiga, estoy en un interrogatorio. Salí a tomar un café porque ya no aguanté. Es un feminicida serial. Vengan para ver si encuentran a alguna de las que buscan.

Era la madrugada del 4 de octubre de 2018.

Leticia esperó a que amaneciera y llamó a la fiscal de feminicidios del Estado de México, Dylcia García Espinoza, quien dijo que no sabía nada al respecto. Pero la señora Leticia le reviró:

—No te hagas, sabemos que tienen a un feminicida.

La mujer siguió llamando a funcionarios hasta que alguien aceptó que sí había un detenido. Así que para las horas tardías de la mañana ella y un grupo de madres de desaparecidas fueron a la fiscalía central. Entraron a una oficina. Tras el opaco cristal de una cámara de Gesell estaban el hombre y su esposa.

La policía apagó las luces y pudieron ver a los detenidos.

"¿Alguien lo conoce?", preguntó algún policía. Las madres ahí reunidas respondían: "No", "Yo no", "Yo tampoco".

Araceli fue la última en hablar. Tras un silencio, la madre de Luz del Carmen dijo:

—Yo sí lo conozco.

Claro que lo conocía. Detrás del vidrio estaba un hombre que fue amigo de Jorge, y que era su vecino cuando Luz desapareció. Juan Carlos era el vecino pepenador, el que rentaba la accesoria. El mismo que hablaba de los *cuartitos* de Miguel en Chiconautla y que señalaba a varios vecinos como los responsables. La esposa también era su vecina, sólo que no la conocía como Patricia, sino con el nombre de Martha.

Leticia y las demás madres insistieron en hablar directamente con él, confrontarlo, mostrarle fotografías. Dylcia aceptó e hizo pasar, escoltados por policías, a un grupo de ellas que llevaban las fotografías de hijas, hermanas y de otras mujeres desaparecidas que no tenían ahí a familiar alguno. Le pusieron enfrente la fotografía de Luz María, la niña que desapareció al ir a la farmacia —a pocos pasos de donde vivía Juan Carlos antes de ser detenido[1]—, y dijo que no la conocía. Pero cuando vio a Araceli entre las mujeres, tomó la fotografía de Luz del Carmen, sonrió y dijo:

—Mira, a ésta sí la conozco.

Y a continuación narró lo que le había hecho a la niña de 13 años. No omitió detalles, para que su madre escuchara, para provocarla, para lastimarla. Para romperla.

Pero Araceli no se rompió. Él, eventualmente, sí lo haría.

★ ★ ★

Aquel día los medios dieron vuelo al caso. Los comandantes de la policía filtraron una bomba para la prensa. Era un interrogatorio

[1] Cuando Luz María desapareció, sin embargo, Juan Carlos no vivía en Playas de Tijuana. Debía estar en proceso de mudanza entre Monte Altai y Laguna de Chiconautla.

hecho a Juan Carlos en el que éste gritaba que estaba loco y que si lo soltaban seguiría matando mujeres. Juan Carlos parecía disfrutar hablar de visiones fantasmagóricas, perros diabólicos, canibalismo y su infancia terrible... También la policía o alguna autoridad filtró fotos tomadas al interior de las casas aseguradas: cubetas con restos humanos, altares a la santa muerte... cubrir asesinos seriales deja muchos *clics* a los medios y la industria del entretenimiento. Se sabe desde el personaje inaugural, Jack el Destripador, quien a finales del siglo XIX acaparó titulares de prensa en Londres por sus crímenes; y desde entonces ha dejado una derrama consistente de ganancias en parafernalia, documentales, libros de ficción, libros de no ficción, y hasta tours por los callejones miserables en los que se cometieron los feminicidios... ya que ahora se han vuelto atracción turística... Por cierto, ahora en el sistema de localización Google Maps, la casa en la que fueron detenidos Juan Carlos y su esposa está marcada como "sitio histórico".

El criminólogo alemán Sebastian Scheerer[2] ha señalado que el mito del asesino serial es *made in Hollywood*, y que los académicos que se dedican *de verdad* a estudiar a este tipo de criminales pasan más tiempo tratando de detener la andanada de fantasías que tanto público general como los propios policías creen a pies juntillas, que investigando este fenómeno.

Pero ¿por qué es tan exitoso este mito?, se pregunta Scheerer; y concluye que el llamado *asesino serial* conjuga una serie de simbolismos sociales y culturales de la posmodernidad; se acomoda bien a nuestra idea actual del mundo, aunque eso no quiere decir que esa idea sea certera.

[2] Sebastián Scheerer, "Mitos y mítodo. Hacia una simbología social de homicidas seriales y profilers." *Delito y Sociedad*, vol. 1, no. 20, July 2016, pp. 103-18, https://doi.org/10.14409/dys.v1i20.5854.

Pero el asesino serial no viene solo. Va acompañado siempre de una contraparte: el *profiler* o del perfilador; némesis que persigue al asesino y lo acorrala a través de la racionalización de los actos: las clarisa, los batman, los eliot ness del mundo (por cierto, el verdadero Eliot Ness fue incapaz de identificar y detener al feminicida serial de su época, el mal llamado "asesino de los torsos"). Este policía, detective, agente del FBI —o la variante que pueda existir en México— es la contraparte de la bestia. Si el asesino serial es la masculinidad monstruosa, el perseguidor es *la otra* masculinidad, la que supuestamente pone límites a lo bestial, la encarnación del orden apolíneo y la superioridad racional.

Al final son llanos juegos de palabras. En los hechos —advierte Scheerer— tanto las investigaciones, como el perfil psicológico de los criminales y sus detenciones están muy lejos de lo que vemos en películas y series de televisión. No hay héroes trágicos en ninguno de los polos. Por ejemplo, la técnica del *profiling*, en la que los investigadores van bosquejando un perfil psicológico de los asesinos a través de "firmas" o detalles que dejan en las escenas del crimen, ha inspirado innumerables series de televisión, películas y novelas. Pero ha mostrado ser poco eficiente en la identificación y detención de criminales en la vida real.[3] Al hacer este tipo de ejercicio, se han dejado fuera de las investigaciones a sospechosos (porque no cumplían el "perfil") que luego resultaron ser responsables. En otras palabras, el *profiling* corre el riesgo de "fabricar" puntos ciegos. En la actualidad, algunos estudiosos recomiendan usar esta técnica sólo como un elemento más de investigación una vez que ha sido identificado el criminal.

[3] Chelsea van Aken, "The Use of Criminal Profilers in the Prosecution of Serial Killers", *Themis: Research Journal of Justice Studies and Forensic Science*, 3(7), 2015. https://scholarworks.sjsu.edu/themis/vol3/iss1/7/

Pero la inoperancia no queda sólo ahí: la propia definición de *asesino serial* es problemática. Sólo un ejemplo: ¿cómo establecer la diferencia entre un "asesino serial", como se determinó que eran Juan Carlos y Patricia, y las bandas de pandilleros que, en aquellos mismos días, en las mismas calles de Ecatepec y Tecámac, levantaban sistemáticamente a niñas y mujeres para violarlas y asesinarlas después? El término *asesino serial* viene impregnado de emociones como monstruoso, anómalo, sexual. Y pareciera que los cientos de hombres que violan y causan sufrimiento de forma grupal, o tantos otros que agreden de forma oportunista más esporádica no son *tan malos*...

Además, las narrativas *made in Hollywood,* que tanto apasionan a audiencias y policías en activo por igual, también apasionan a los criminales. En su tiempo, el criminólogo Tilemy Santiago investigó para la Procuraduría de la Ciudad de México a otro feminicida serial, el apodado *Caníbal de la Guerrero*. Éste vivía obsesionado con Hannibal Lecter, e incorporaba a sus propias fantasías la ficción de Hollywood, escribía sobre él y buscaba parecérsele. ¿Eso quiere decir que, sin el cine, este individuo no hubiera matado? Probablemente lo hubiera hecho, pero la narrativa que él hizo y difundió, la significación que tanto el feminicida como los investigadores y la prensa crearon hubiera sido distinta.[4]

No es que no existan los feminicidas seriales. No es que no se deba analizar o investigar un perfil criminológico. El problema es lo que la sociedad y el espectáculo simbolizan en ellos: un producto que forma parte de una ficción compartida, un mito que

[4] Conversación personal con el investigador Tilemy Santiago, 2022, 2023. Manuscrito de Santiago en proceso.

se reproduce desde la ficción, y posteriormente influye la realidad misma, modela las historias "verdaderas".

Pero volviendo a aquellos días de octubre de 2018…

La policía se apresuró a detallar el operativo en el que fueron detenidos Juan Carlos Hernández Béjar y su esposa Patricia. Dijeron que familiares de tres mujeres desaparecidas habían pedido que se le investigara, y que después de tres días de vigilancia, policías encubiertos vieron salir a la pareja empujando un carrito de bebé. Los policías se acercaron y vieron que en el carrito transportaban un torso de mujer.

Sin embargo, las cosas fueron un poco distintas a la versión oficial.

“MUY BUENAS PERSONAS”

El 8 de septiembre, N., una joven de 26 años, desapareció con su bebita de dos meses de edad. Para el 22 de septiembre,[1] la hermana de N. fue a la oficina de Búsqueda estatal, en Toluca, a pedir que la fiscalía central atrajera el caso. Acusó que el ministerio público local, en Ecatepec, no hacía nada; y más bien se empeñaba en desechar las pruebas que las familias llevaban.

Toluca, la capital del Estado de México, se encuentra a unos 100 kilómetros de distancia de Jardines de Morelos (un poco más o un poco menos, según la autopista que se escoja). El viaje en auto implica al menos dos horas, pero en transporte público se pueden hacer hasta siete, y gastar varios cientos de pesos en pasajes. La hermana de la joven sabía que en Ecatepec el caso de N. y su bebita desaparecidas no avanzaría nunca. Y ya tenían una pista. Ella y otras dos familias concluyeron que al menos sus tres casos estaban vinculados: el de N., junto al de E., desaparecida el 26 de julio, y el S., extraviada desde abril. Todas en 2018.

E incluso tenían a una sospechosa.

Las familias de las tres jóvenes se conocieron afuera del Centro de Justicia para las Mujeres en Ecatepec, a donde acudían para pedir ayuda por la desaparición de sus hijas y hermanas. Al platicar

[1] El proceso fue reconstruido a partir de una conversación con una fuente de la fiscalía y con la madre de N. a inicios de 2019. Se elige omitir el nombre de la víctima porque ya no se contactó de nueva cuenta a la familia para la revisión de este borrador.

se percataron de que todas las desaparecidas conocían a Martha, una mujer muy humilde que vivía en un cuartito de azotea de un edificio color azul sobre Playas de Tijuana.[2] Martha y su esposo tenían cuatro hijos, todos menores de seis años. La familia se dedicaba a pepenar basura, a deshacerse de los huesos y pellejos de pollerías y carnicerías. A veces mantenían los restos en tambos pestilentes afuera de su casa, y luego salían por las noches a tirar desechos en terrenos baldíos o sobre las vías del tren; es que el servicio de limpia en la colonia no pasa de forma regular. También vendían quesos y esquites (muchos comensales compraban con recelo, pero con lástima), celulares y perfumes, ropa de paca, lo que fuera.

Martha y su esposo eran vecinos de N. y la bebita; pero también de S., quien desapareció cuando iba por su hijito al kínder. En este caso, la pareja aseguró haber visto que se la llevaron en una camioneta negra. Y de nuevo, la pareja también figuraba en el caso de E.; ellos acusaban al novio de la muchacha de haberla raptado. Sin embargo, la familia no les creyó, ya que antes de desaparecer la joven avisó a su familia que vería a Martha para comprarle un pantalón.

Ni Martha ni Juan Carlos eran discretos. Sólo que el ministerio público era, cuando menos, omiso.

Cada familia por separado pidió al ministerio público de Ecatepec que investigara a Martha. Sin embargo, la policía local alegó que "en la colonia se conocen todos", y que la pobre mujer era muy humilde, muy pobre, y, recalcaban, muy "buena persona".

[2] Es la misma calle sobre la que probablemente desapareció Luz María en agosto de 2012; sin embargo, en aquel tiempo Juan Carlos y su esposa no vivían ahí. Estaban dejando la accesoria sobre Monte Altai y mudándose rumbo a la colonia Laguna de Chiconautla.

Entonces la hermana de N. viajó a Toluca y logró que los tres casos fueran atraídos por una de las fiscalías centrales. Ahí hicieron un cruce de llamadas de los celulares de las jóvenes para ver si coincidían en algún número, y en efecto, había uno en común, con el que las tres jóvenes habían estado en comunicación poco antes de desaparecer.[3]

El celular estaba vinculado a una cuenta de Facebook de nombre "Harley Quinn", como la heroína de la película *Aves de presa* y novia del guasón. Harley Quinn, por cierto, también se había vuelto uno de los más populares disfraces de Halloween-Día de Muertos en la Ciudad de México y su área metropolitana.

Esta cuenta de Facebook tenía pocas fotos y pocos amigos. Algunas imágenes de la llamada Santa Muerte, algunos comentarios en los que repite mucho "estoy loca". Poca o nula interacción con nadie, excepto con otra cuenta de nombre Carlos HG. Éste a su vez subía muchos contenidos de santería y satanismo. Mucha interacción con páginas dedicadas a imágenes explícitas de violencia, crímenes y cadáveres. Pero lo que prendió las alertas fue que en una publicación Carlos HG escribió: "Se vende niña para rito".

La fiscalía de Toluca tuvo un acierto: desde el inicio envió una unidad para vigilar a la pareja. Día y noche dos policías estatales en un auto particular se apostaron afuera del domicilio sobre la calle Playas de Tijuana.

Para el 26 de septiembre, la fiscalía central tenía ya información de salidas, rutinas, etcétera. Sin embargo, los policías municipales insistían en que Martha y Juan Carlos eran "muy humildes,

[3] Los siguientes párrafos proceden de una entrevista fuera de grabadora con un funcionario de Toluca, realizada a inicios de 2019.

todos los conocían, y eran muy buenas personas", y que esto era una pérdida de tiempo.

Hubo otro dato que aceleró las cosas: los policías que vigilaban se percataron de que la familia se mudaría pronto: empezaba a transportar de forma hormiga sus pertenencias a otra ubicación ahí mismo al interior de la colonia.

Quizá ya intuían que iban por ellos.

O quizá alguien les avisó que los vigilaban.

El día de la detención la pareja salió como siempre, empujando un carrito de bebé pertrechado de bultos; como eran pepenadores era usual verlos tirar basura en lugares poco iluminados. Caminaron unas pocas cuadras y tiraron cosas en un lote baldío flanqueado por casas, en el corazón de la colonia, a pocos pasos de la banqueta. ¿Acaso nadie olía la pestilencia? Probablemente sí, pero en una colonia que sufre de sistemática falta de servicios, como Jardines de Morelos, o como Laguna de Chiconautla, o como la inmensa cantidad de colonias emergentes, es algo que hay que tolerar: la gente tira la basura donde puede, y no se puede increpar al vecino.

Luego de deshacerse de los bultos volvieron a casa.

Los policías que vigilaban a Juan Carlos y Martha no intervinieron ni inspeccionaron el lote. Fue hasta que llegó el cambio de guardia que los investigadores recién llegados se acercaron y vieron los restos humanos. Entonces esperaron a que la pareja saliera de nuevo de su casa y la detuvieron.

Por eso cuando Juan Carlos denuncia[4] que no los detuvieron in fraganti dice la verdad. ¿Es una irregularidad? Una defensa agresiva,

[4] Esto fue constatado por denuncias públicas por el propio detenido y por otras fuentes de la fiscalía.

con dinero y medios, pudo haber alegado que los restos fueron sembrados. Con un poco de imaginación incluso se pudo haber impulsado un documental en alguna plataforma de *streaming* cuestionando la narrativa oficial. Sin embargo, el hallazgo de restos humanos en su domicilio, las cubetas que trasladaban a su nuevo hogar, los frascos con corazones humanos ofrendados a la Santa Muerte...

Juan Carlos también denunció que él y su esposa fueron vejados frente a sus cuatro hijos —pequeños de entre 10 meses y 10 años—, a quienes las autoridades mantuvieron sentados por horas en una banqueta, mientras ejecutaban el operativo de Playas de Tijuana. También fue verdad. Posteriormente los cuatro hijos fueron tragados por el sistema DIF —otro enorme hoyo negro del sistema—, con el estigma imborrable de ser hijos de quienes son, y convertidos en monedas de cambio en las negociaciones entre fiscalía y feminicidas… víctimas por partida doble.

Aquella mañana de octubre de 2018 la detención de la pareja fue la noticia más relevante a nivel nacional: la detención de una pareja de asesinos seriales en Jardines de Morelos, Ecatepec. Los policías hablaban con reporteros y activistas, narraban que "nunca habían visto algo así". En México esa expresión, "algo nunca antes visto", suele ser muy común: nunca antes visto un pozolero, un asesino serial de este calibre. Cada cierto tiempo las noticias aseguran que la policía descubrió a un criminal nunca antes visto. La televisión y la radio martillaron todo el día con detalles del caso.

Y así, dicen, fue que se enteró Miguel, el hombre acusado de explotar muchachas, el vecino al que Juan Carlos señaló de tener alguna relación con la desaparición de Luz del Carmen. Cuentan que mientras comía en una fonda, cerca de Jardines de Morelos, cuando vio las noticias en la televisión, se levantó de la mesa, se fue intempestivamente y desapareció del radar por algunos días.

En aquella detención y posteriores interrogatorios, las autoridades establecieron que la bebita desaparecida estaba con vida. Había sido vendida por 15 mil pesos a una pareja que quería un hijo. Ahora esa pareja se encuentra también en el penal de Chiconautla; alegan que no sabían que lo que hicieron fuera ilegal, que les habían asegurado que la bebé era producto de un embarazo no deseado y que la madre estaba de acuerdo en venderla…

Las declaraciones de Juan Carlos y Martha fueron filtradas por todos los medios. Cronistas publicaron detalles explícitos; incluso las fojas judiciales pueden hallarse hasta la fecha[5] en la red, incluso en Scribd y otras plataformas.

Las autoridades establecieron que Martha en realidad se llama Patricia y creció en Toluca; fue una niña de las que crecen solas, por las calles, a veces con un hogar al que es mejor no llegar. Antes de Juan Carlos estuvo casada con un hombre golpeador que le tiró todos los dientes. Ella lo dejó y se fue a Ecatepec; ahí empezó a trabajar en un bar como fichera o como fichera y trabajadora sexual. Quién sabe. Las versiones son varias y distintas. Ahí vio a Juan Carlos una noche, un hombre seis años menor que ella,[6] y al siguiente día, y al después de aquel día. En su primera declaración, Patricia diría que Juan Carlos gastaba mucho dinero e iba con sus amigos. Y una vez que entablaron confianza, él le dijo que trabajaba a veces para un tal Charly de Tepito, matando personas y consiguiendo mujeres para su empleador.[7]

[5] En este 2023.

[6] Patricia nació en 1980, en Lázaro Cárdenas, Michoacán. Juan Carlos también nació en aquel puerto, pero en 1985. Ellos se conocieron en el Estado de México.

[7] Primeras declaraciones filtradas a la prensa poco después de la detención.

En el video del interrogatorio ilegalmente filtrado a la prensa Juan Carlos diría que cuando conoció a Patricia su intención era matarla, pero ella "me hizo reír", dijo, como si repitiera alguna frase mala de telenovela o comedia romántica. Mientras lo decía, Juan Carlos sonreía mirando hacia un punto indeterminado, como si recordara el momento con cariño. ¿Será verdad o una mentira más? A lo largo de los años ha dado tantas versiones sobre los hechos —y en todos sus relatos y sus formas hay un fuerte componente histriónico—, pero hay que reconocer que en esa versión ha sido consistente.

A grandes rasgos, Patricia dijo en aquella primera declaración que vivieron en la vecindad de Monte Altai de forma intermitente entre 2010 y 2013. Ahí, dijo, su esposo se hizo amigo de Miguel quien fue policía, de Soto, también policía, y del Flaco. Patricia dijo que su esposo trabajaba con ellos. Y ahí por primera vez mataron a una mujer en enero de 2012. F. Ella dice que no estaba de acuerdo, pero que Juan Carlos la convenció porque "necesitaban dinero". Así colocaron anuncios de empleo por la zona. Una joven vio uno de los letreros sobre el puente peatonal para cruzar Lechería-Texcoco, quería hacerse de un dinero rápido para celebrar el cumpleaños de su hijito. La citaron primero en el puente y luego en la tienda de regalos El Neto. Según la primera declaración de Juan Carlos, la llevó a su casa "evadiendo" la calle más transitada y vigilada, hasta llegar a la accesoria donde vivían. Y ahí la mató. Que echó su cuerpo en un tambo de cartón y lo cubrió con cemento; que luego lo echó en un terreno por las vías del tren.[8]

[8] Hasta la fecha, de F. no se han hallado restos o indicios. No se investigaron a profundidad posibles líneas vinculadas a la esquina en la que se encuentra la tienda de El Neto, donde un año más tarde también desapareció Luz María, niña huérfana de 14 años, que fue a la farmacia, y de quien tampoco se han

Tres meses después, aseguraron los imputados, privaron de la libertad a Luz del Carmen, y Juan Carlos la agredió y asesinó.

En el caso de Luz del Carmen, sus restos fueron encontrados un año y medio después a un kilómetro de su desaparición, en las vías del tren, donde se supone que Juan Carlos dejó el tambo de cemento de su primer asesinato. No hubo evidencia ni ADN que vinculara directamente la desaparición y el feminicidio de Luz; los imputados aseguraron ser los responsables.[9]

Poco tiempo después, Juan Carlos, Patricia y su hijo debieron irse de la vecindad, acusados de robo, declaró Juan Carlos, y confirmó su excasero. Se mudaron un tiempo a la frontera entre Jardines de Morelos y Laguna de Chiconautla, a unos departamentos localizados en el mismo predio de un salón de eventos llamado el Castillo. El epíteto de castillo es por partida doble: el edificio se encuentra sobre la calle Heberto Castillo y el edificio mismo está decorado como una fortificación medieval, con sus almenas y torrecillas; toda pintada de ladrillos amarillo brillante. Según las declaraciones, en ese salón conoció a varias de las mujeres y niñas, a quienes no pudo hacer nada en un principio porque los vecinos tenían muchas cámaras de vigilancia. Pero después, cuando se mudó a un lugar menos vigilado, agredió y mató a quienes conoció en la Laguna.

hallado pista o restos. En este caso, en un principio, Juan Carlos dijo que no la conocía, pero al paso de los años cambió su versión.

[9] En este caso, en las primeras declaraciones, Juan Carlos aseguró haberla agredido sexualmente y matado el mismo día él solo. Si bien en esa misma declaración mencionó de pasada al niño asesinado y a sus tres amigos: Soto, Miguel y el Flaco, durante el juicio, Juan Carlos cambió su versión y aseguró que sus tres amigos le pidieron que secuestrara y les entregara a Luz del Carmen. Y que después se la regresaron para que él la matara.

La historia de Laguna de Chiconautla es bien diferente de la de Jardines de Morelos, sin embargo, ambas están íntimamente ligadas. Mientras Jardines surgió como un suburbio para la clase trabajadora emergente, con casas amplias, calles planeadas y jardines, la Laguna es lo opuesto: creció con la informalidad y la necesidad extrema.

Estas tierras alguna vez fueron una laguna de temporal, parte del metabolismo del agua del lago de Texcoco. Los vecinos de Jardines de Morelos recuerdan que, 40 años atrás, los niños exploraban por ahí en búsqueda de patos, víboras y aves migratorias. Era un lugar de tierras salitrosas, pirules o pinos texcocanos, quelites.

Los dueños eran los ejidatarios y comuneros de Santa María Chiconautla; mas a partir de 1992, con las reformas al artículo 27 constitucional, impulsadas por el entonces presidente Carlos Salinas de Gortari, se abrió la posibilidad de que vendieran. Pero esa reforma no permitía fraccionarlas. Sin embargo, en todo México se dieron estos procesos irregulares. Se vendían los ejidos a un tercero y éste fraccionaba, revendía. En el caso de la Laguna, por ejemplo, este comercio ilegal, y en muchas ocasiones fraudulento, se realizó por medio de organizaciones que se autoproclamaban sociales, o por individuos, como —narran los vecinos— un señor de nombre Victoriano Martínez, quien después cayó en la cárcel. Hubo ocasiones que incluso estos estafadores llegaron a vender un solo predio a hasta tres compradores distintos.[10]

Cuando, a partir de los años 2000 los recién llegados —familias muy pobres, migrantes de los estados del sur y el sureste—

[10] Sobre la historia de Laguna de Chiconautla, retomo lo publicado en Lydiette Carrión, "Laguna de Chiconautla: barrios pobres, ricos negocios", en *Pie de página*, 28 de junio de 2019, disponible en https://piedepagina.mx/laguna-de-chiconautla-barrios-pobres-ricos-negocios/

empezaban a organizarse para regularizar su colonia, exigir drenaje, agua y servicios básico, el PRI mexiquense implementó una estrategia que ya le había funcionado: "insertó" a nuevos colonos, miembros de Antorcha Campesina, quienes, por un lado, desarticularon la organización horizontal, acapararon las gestiones, privatizaron la distribución de pipas de agua, y el desazolve, etcétera. Por otra parte, sus ejércitos de golpeadores y asesinos asolaban la colonia, impidiendo cualquier organización espontánea. Más tarde, la imbricación con el crimen organizado terminó de sellar el pacto. En la actualidad, casi 30 años después, Laguna de Chiconautla es igual de irregular y sin servicios que al inicio.

Actualmente, se estima que en La laguna hay unos 30 mil predios —es decir, 30 mil familias—, y hasta la fecha no hay ni agua ni drenaje; tampoco hay certeza jurídica de los dueños, ya que los juicios para dejar en firme la propiedad de un terreno se han ido alargando. Algunos ejidatarios han exigido pagos extra para resolver; y junto a esto, se trata de un lugar muy inseguro, donde la única ley proviene de los grupos clientelares de Antorcha Campesina.

Ahí, según sus declaraciones, Patricia y Juan Carlos rentaron un par de años (entre 2013 y 2015), junto al Castillo. Y ahí conocieron a mujeres y adolescentes en gran estado de vulnerabilidad, que, sin embargo, gracias a la vigilancia del dueño del Castillo y de los vecinos —acostumbrados a vivir acechados en las condiciones extremas de la colonia—, no pudieron agredir. Fue después de dejar este lugar, para 2015, cuando la pareja y sus hijos llegaron a un domicilio de la calle Monte Blanco, a espaldas de Monte Altai, de nuevo en Jardines de Morelos, que, según su dicho, reiniciaron los asesinatos contra mujeres y niñas.

Ahí atacaron a R., una conocida del Castillo, que quería venderles una lavadora en 2015. Poco después una joven madre y su hijita de siete años fueron atraídas con la oferta de venderles un pantalón. Juan Carlos se ensañó con ellas, dijo, porque no tuvo nada que robarles.

Pasó el tiempo y la hija adolescente de R. fue un día a buscarlos. Ella había cuidado de Patricia después de una cesárea. Eran amigas. También la mataron. Esto fue, aproximadamente, en el mismo año, 2015.

Luego se cambiaron de domicilio. Siempre huyendo, acusados de robo o con problemas con los vecinos, a pesar de que las autoridades del lugar aseguraran siempre que eran "muy buenas personas". Llegaron a Playas de Tijuana. Ahí, en 2018, mataron a cuatro mujeres. Tres jóvenes madres, cuyas familias ataron cabos; y también una joven vendedora de esquites, amiga de Patricia. En muchos casos se trataba de mujeres que le compraban algo a Patricia por ayudarle. Por ver a la familia tan pobre y con niños pequeños. Pero las mujeres asesinadas eran muy pobres también: en promedio, por la venta de sus celulares, pertenencias y huesos, los feminicidas no juntaban más de mil 500 o 2 mil pesos.

Los casos imputados a la pareja quedaron firmes por medio de pruebas de ADN a los restos hallados: los corazones supuestamente ofrecidos, las cubetas con huesos y restos cubiertos con cemento. Este último dato sugiere que probablemente la pareja hacía ritos híbridos similares a otros que fueron documentados en algunos casos de secuestros en la Ciudad de México durante los años 2000.

En ese entonces se registró el caso de una joven de clase alta secuestrada, y que murió con sus captores. El santero que protegía a la banda mandó enterrar el cuerpo y poner encima una losa de cemento muy gruesa, para que la víctima "no pudiera hablar". De nuevo, la violencia en México, incluso en este mínimo rincón de la anomalía, tiene una pedagogía que se reproduce: unos delincuentes enseñan a otros, repiten narrativas que se dicen a sí mismos.

A la inmensa mayoría de las niñas y mujeres que han sido vinculadas con Juan Carlos, sus familiares las buscaron por mucho tiempo; las calles de Jardines y de Laguna de Chiconautla estuvieron tapizadas de carteles, hubo llamadas de auxilio a las autoridades. Pero de nuevo, las investigaciones oficiales fueron nulas. Estas desapariciones se acumulaban con otros hechos terribles de la colonia: el asesinato de un sicario de Los Héroes Tecámac, por ejemplo, *El diablo*, en el mercado de elementos; el hallazgo de hombres jóvenes desmembrados, otra vez cerca del mercado…

CON ANILLOS Y PULSERAS

—Por ahí fueron a tirar a la muerta. La que traía todas las manos llenas de anillos y pulseras, bisutería que vendía el desgraciado aquel.

Es junio de 2019. El hombre señala un extenso campo baldío con algunos montones de basura aquí y allá, que se extiende a lo largo de las vías del tren. De un lado, al poniente, está la colonia Lázaro Cárdenas. Del otro, la colonia Ampliación y la Jardines de Morelos. El lugar donde hallaron a *la muerta* se encuentra a unos 30 metros de unas cortinas de hierro, accesorias del lado de Lázaro Cárdenas que alguna vez albergaron negocios, pero que con el tiempo y la inseguridad fueron abandonadas; ahora son dormitorios improvisados de personas que nadie conoce y todos temen.[1]

—La muertita... Sólo encontraron de aquí para arriba —dice el hombre, señalando desde sus caderas hasta el pecho. Él debe tener unos 50 años, chimuelo, correoso, trabaja ahí en el paso automovilístico improvisado que cruza las vías del tren—. Las manos las traía llenas de anillitos y bisutería, que el desgraciado aquel usaba para llevárselas —repite.

La fantasmagoria del fetiche: una *muertita* engalanada con joyas por el feminicida.

Araceli asiente. *Le da el avión.* No revela que ella es la madre de *la muertita*, y que su hija no fue encontrada con anillos o pulseras.

[1] Parte de este fragmento fue publicado en Lydiette Carrión *et al.*, "Jardines después del 'Monstruo'", en *Pie de Página*, 27 de junio de 2019, disponible en https://piedepagina.mx/jardines-despues-del-monstruo/.

No fue encontrada con nada. Ni ropa, pertenencias o joya alguna; ni la medalla que siempre llevaba al cuello, la que ella, Araceli, le regaló con su nombre grabado: Luz del Carmen.

La madre de Luz del Carmen continúa caminando. No se inmuta frente a la leyenda urbana que permea la Jardines de Morelos. Por casualidad o destino, un auto cruza en esos momentos el paso de las vías. Ella y el piloto se saludan. En el coche va el padre de Fabiola, desaparecida en enero de 2012, y que ahora se atribuye también al Monstruo de Ecatepec. A diferencia de Araceli, este hombre no ha hallado a su hija, ni viva ni muerta. Pero en el imaginario, y en la fiscalía, al menos en los hechos se da por cerrado el caso.

Los familiares, las amigas, las parejas, los hijos de las desaparecidas siguen viviendo aquí, en Jardines de Morelos.

Del lado oriente de las vías, es decir, Jardines de Morelos, unas jóvenes pasan la tarde atendiendo un pequeño puesto callejero: productos de papelería, baratijas y regalitos. Se les pregunta sobre el terreno frente a ellas y los restos hallados.

—¿Cuál? Es que han venido a tirar tantos… —responde una.

—Una de las víctimas del Monstruo…

Las jóvenes miran el terreno. Sí. Se acuerdan vagamente. Pero es que han pasado tantos. Mujeres y hombres. La última vez incendiaron un auto entero con cuerpos adentro. Ahí, en el mismo lugar. Lo dejaron ardiendo. La policía tardó en llegar. Esto ocurrió hace dos años, recuerdan.

—Y ustedes como mujeres, ¿no les da miedo?

Los rostros de las jóvenes permanecen impávidos, no muestran emoción.

—Te acostumbras —responde una.

—Eso no va a cambiar; así que te acostumbras —dice otra.

Una de ellas narra cómo va a la universidad; repite varias veces que va a la universidad, un logro lleno de voluntad individual en un territorio construido para disuadir cualquier aspiración. Y luego explica cómo es que, a pesar de que ya tiene 19 años, todas las noches sus padres la esperan en la cuadra donde la deja el transporte público. Narra todas las odiseas que las mujeres de Ecatepec han implementado para vivir aquí, en unas calles tan inseguras, en un municipio famoso por los feminicidios y las desapariciones de mujeres, especialmente jóvenes; como ella.

—Esto no cambiará —repite la joven.

Bessel van der Kolk es un médico psiquiatra que ha dedicado décadas enteras al estudio del trauma en la infancia y el síndrome de estrés postraumático.[2] Una de sus primeras aproximaciones, en los años setenta, fue con un grupo de veteranos de Vietnam en Estados Unidos, quienes no lograban regresar a la "normalidad" después de la guerra. Tenían estallidos de ira a la menor provocación, pensamientos o imágenes intrusivas, memorias que llegaban en cualquier momento, sin aparente causa. Pero las características más incapacitantes eran que vivían la vida en un estado de permanente insensibilidad. Por más que lo intentaban, ya no lograban sentir amor por sus esposas e hijos. Ello a pesar de que antes de la guerra eran afectuosos. Ahora eran incapaces de amar.

El psiquiatra enlista una serie de síntomas más, como la sensación de no estar realmente en el presente, de percibir la vida propia como insignificante o poco valiosa, de sólo sentirse vivo al recordar las "hazañas" de la guerra. Pero un síntoma en específico hace muy difícil salir del estado permanente de trauma: el trauma destruye la capacidad de imaginar.

[2] Bessel van der Kolk,. *The Body Keeps the Score: Brain, Mind and Body in the Healing of Trauma*. Penguin Books, 2015.

Van der Kolk aplicó en los veteranos el test de Rorschach, en el que se muestra al paciente unas tarjetas con manchas de tinta. El estudio suele revelar los anhelos, los sueños compensatorios, los temores, la fabricación de soluciones. Los seres humanos, explica Van der Kolk, somos criaturas que por naturaleza construimos significados. De ahí que, al tendernos en un prado a ver las nubes, les inventamos parecidos con botas o pájaros; y les construimos historias.

Pero en el caso de los veteranos, ocurrían dos desenlaces. El primero era ver en las manchas de tinta únicamente las escenas más sangrientas o dolorosas de las que habían sido testigos: las vísceras de un compañero en batalla, piernas o brazos. Es decir, toda *imagen*, toda *imaginación*, llevaba de nuevo al trauma. Vivían permanentemente en el pasado. Pero la segunda posibilidad era peor e implicaba más daño: algunos veteranos, cuando veían las tarjetas con manchas de tinta, no veían nada. Ni escenas de la guerra ni flores ni miedos ni deseos. Sólo veían manchas de tinta. En otras palabras, se había extinguido en ellos la capacidad de imaginar, de crear; y con ello, la posibilidad de construir una salida a su propio dolor. De imaginar un mundo distinto.

¿Cómo regresar la imaginación robada? Los que matan, violan, roban, lastiman ganan cuando nos convencemos de que nada cambiará. Pero ¿cómo recuperar la capacidad de imaginar y crear?

CUANDO JUAN CARLOS LLORÓ

De los 10 casos imputados contra Juan Carlos, nueve fueron juzgados por juicios abreviados. En esta modalidad, los imputados se declararon culpables, se les redujo la pena a 45 años por cada feminicidio, y las familias no debieron enfrentarse a la violencia de asistir por más de un año a los juzgados y escuchar la descripción de las violencias cometidas contra sus hijas, nietas, esposas.

Pero en uno, no fue así.

Semanas después de la detención de los asesinos, la señora Leticia Mora Nieto, en su papel de mediar entre autoridades y sus compañeras en esos momentos terribles, habló con Araceli. Le explicó la posibilidad de un juicio abreviado, le expuso los pros y contras y remató: el camino que decidas, te acompañamos.

Araceli decidió un juicio en forma, para que los criminales pagaran la pena completa por Luz.

Y fueron a juicio. En él, Juan Carlos aceptó haber cometido el feminicidio, pero aseguró que primero "vendió" a Luz para ser agredida. La entregó a Miguel, a Soto y el Güero. Esto, diferente de su primera declaración, en la que dijo haber cometido el crimen solo. Sobre el niño vecinito de Luz, también ha cambiado su versión. A veces admite la culpa, a veces la echa a alguien más. Juan Carlos ha mentido antes y después. Cuando estaba libre, en todos los casos trató de desviar la atención hacia otras personas. Ya detenido, ha dicho muchas cosas y cambiado otras. Dicen quienes lo han entrevistado que hay mucha ideación y fantasía.

Lo cierto es que pasar por el juicio fue distinto para él. A diferencia de otros momentos, cuando presume de sus crímenes, muestra orgullo y disfruta las expresiones de sus oyentes en el juicio de Luz del Carmen, que duró más de un año y medio, se enfrentó a un proceso distinto: que fiscales y familia sostuvieran y articularan las pruebas en su contra, enfrentar el peso de algo parecido a la justicia. Durante la sentencia, Araceli lo vio llorar.

Por el feminicidio de Luz fue sentenciado a cárcel vitalicia.

⋆ ⋆ ⋆

En algún momento de 2021, por medio de una colaboración con la activista Saskia Niño de Rivera, tuve la oportunidad de entrevistar a Juan Carlos Hernández en la sección de alta seguridad del penal de Chiconautla.

Los guardias lo bajaron de la torre de alta seguridad a unos locutorios que se encuentran a un lado, unas sillas y mesa casi al aire libre. Él lleva su uniforme anaranjado brillante, el distintivo de los reos peligrosos. Trae la cabeza baja, jorobado, pero eso es algo que los custodios exigen en los traslados: cabeza baja, postura sumisa. Parecía que iba murmurando algo. Lo sentaron y lo esposaron.

Tiene los ojos grandes y profundos, pero con estrabismo. Mira de forma fija. Completamente fija. Nariz pequeña, boca carnosa y dentadura muy chueca y mal formada. Iba casi a rape. Se notan dos cicatrices en el cráneo. La primera, la más grande, que atribuye al golpe que sufrió de niño al caer cabeza abajo de la escalera de caracol; la segunda, un cachazo que le dio su instructor militar en Michoacán, por haberse "pasmado" en pleno enfrentamiento.

Tiene varios tics. El de sacar la lengua, muchas veces. La pasa por los labios; lengua y boca secas. Luego las manos, frota su dedo anular y pulgar a cada rato, cuando disfruta de contar los pasajes "escabrosos" de su historia. Es grandilocuente, presume estar escribiendo su libro, el de sus memorias. Dice que será un gran *bestseller.* También alardea de que muchas productoras se acercan porque quieren grabar un documental o docuserie con su historia. Será un gran éxito de audiencia, dicen.

Habla de muchas cosas, confiesa otros crímenes, reales o ficticios. Habla del ejército, intercambia información por favores en la cárcel: por ejemplo, otorgar algunos datos a cambio de no ser "bajado" a población general. Sabe que si sale de esta torre de máxima seguridad, en pocos días los otros reos lo matarán. No le perdonarán la violación y asesinato de mujeres y niñas en edad primaria. Las autoridades de la cárcel lo saben, y juegan con esto.

Se le pregunta de su situación legal. De todos los casos, explica que sólo un juicio fue sin método abreviado, el de Luz del Carmen. "La señora —es decir, la madre de Luz— quería *justicia*", dice con desprecio, un desprecio que parece empapado de enojo. Es entonces que llega un viso de entendimiento: el juicio fue un suplicio para él. ¿Por qué a este hombre, que parece disfrutar tanto platicando los horrores que cometió, le marcó tanto que lo sentaran a juicio? ¿Qué diferencia hay entre contar anecdóticamente sus crímenes frente a policías mal preparados, o periodistas sedientos de una "gran historia" y ser enjuiciado para establecer su responsabilidad y su condena?

Juan Carlos no pudo quebrar el amor que Araceli y Jorge tuvieron por Luz. Haberlo obligado a pasar por un juicio es algo que él no perdona. Y esta victoria de Araceli da una pista sobre uno de los factores para recuperar la esperanza perdida, resarcir el tejido social y la capacidad de imaginar otras historias: hacer efectivo el derecho a la verdad con justicia, paz y dignidad.

MAPAS

Las desapariciones se concentraron en tres lugares:

1. En primer lugar está la sección sexta de Héroes Tecámac (muy cerca del lugar de recuperación de restos que se ha nombrado Zona Cero), con el caso de Bianca (2012), la joven de identidad reservada, Diana (2013) y Mariana (2014). Sin embargo, el caso de Bianca y de otras dos jóvenes halladas sin vida son anómalos, ya que sus cuerpos fueron encontrados a más de 20 kilómetros del lugar de desaparición (*).
2. El segundo punto de secuestros ocurrió en un área difusa que comprende Chiconautla, Ojo de Agua y los aledederores de la estación de Mexibús las Torres (en la zona se presentaron tres secuestros en diciembre de 2012 y febrero de 2013). Dos de estos casos fueron vinculados al de Bianca por las llamadas telefónicas. Sin embargo, hasta la fecha todas las víctimas continuan desaparecidas.
3. El tercer lugar es una esquina de la colonia Jardines de Ecatepec. Tres desaparecidas entre 2012 y 2013. En 2015 fueron recuperados los restos de Luz a menos de un kilómetro de distancia de su hogar. Dos de ellas continúan desaparecidas. En 2018, se sabría que al menos ocho mujeres más desaparecieron en las colonias de Jardines de Morelos y Laguna de Chiconautla, entre 2014 y 2018. Todos ellos, atribuidos a Juan Carlos y Patricia.

Hasta 2021, Juan Carlos negociaba la admisión de otros casos, a cambio de algunas prebendas carcelarias.

© Cartografía: Rogelio López Gómez

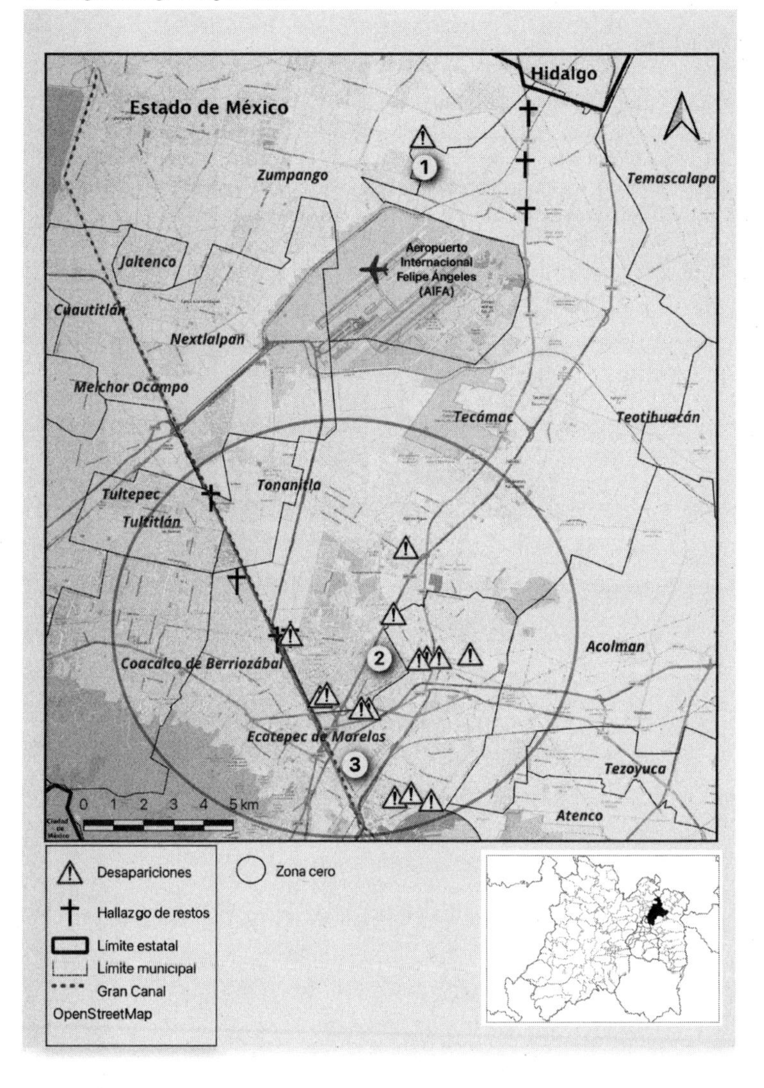

Zona Cero

A unos cuantos metros del Ministerio Público de Tecámac (donde presentaron sus denuncias en su momento los padres de Bianca, Mariana y otras) fue donde más restos se han recuperado. En febrero de 2014, se hallaronrestos correspondientes a Diana, así como el torso de una jovencita, las piernas de un hombre y otros fragmentos de los que no se tiene conocimiento.

En octubre de 2014, apróximadamente a la misma altura, fueron localizados fragmentos de Mariana. Eran el indicio número 27 rescatado aquel día.

© Cartografía: Rogelio López Gómez

En Jardines de Morelos se documentaron tres desapariciones desde inicios de 2012 hasta agosto de 2013. Éstas ocurrieron prácticamente en la misma cuadra.

La primera desaparición es la de una mujer joven de 26 años. Las autoridades probablente nunca vincularon el caso debido a la edad de ésta.

La única que ha regresado a casa, sin vida, fue Luz, de 13 años al momento de desaparecer. El primer peritaje arrojaría que permaneció con vida hasta un año después de su desaparición. Posteriormente, los peritajes concluyeron que esto no podría determinarse, así que se dio "por buena" la declaración de Juan Carlos "N", que la mató el mismo día en el que desapareció. Sus restos fueron hallados a menos de un kilómetro de su hogar. Fueron encontrados con características similares a las de los restos recuperados del Gran Canal: una herida mortal en el tórax, en bolsas dobles, una de basura y otra de rafia blanca, mutilada.

Cerca del lugar de desapariciones se encuentra el Mercado de Elementos (así se le conoce), el cual fue referido por los adolescentes detenidos en el caso de Bianca como el lugar donde asesinaron al *Diablo*. El mercado ha sido escenario de varios hechos violentos.

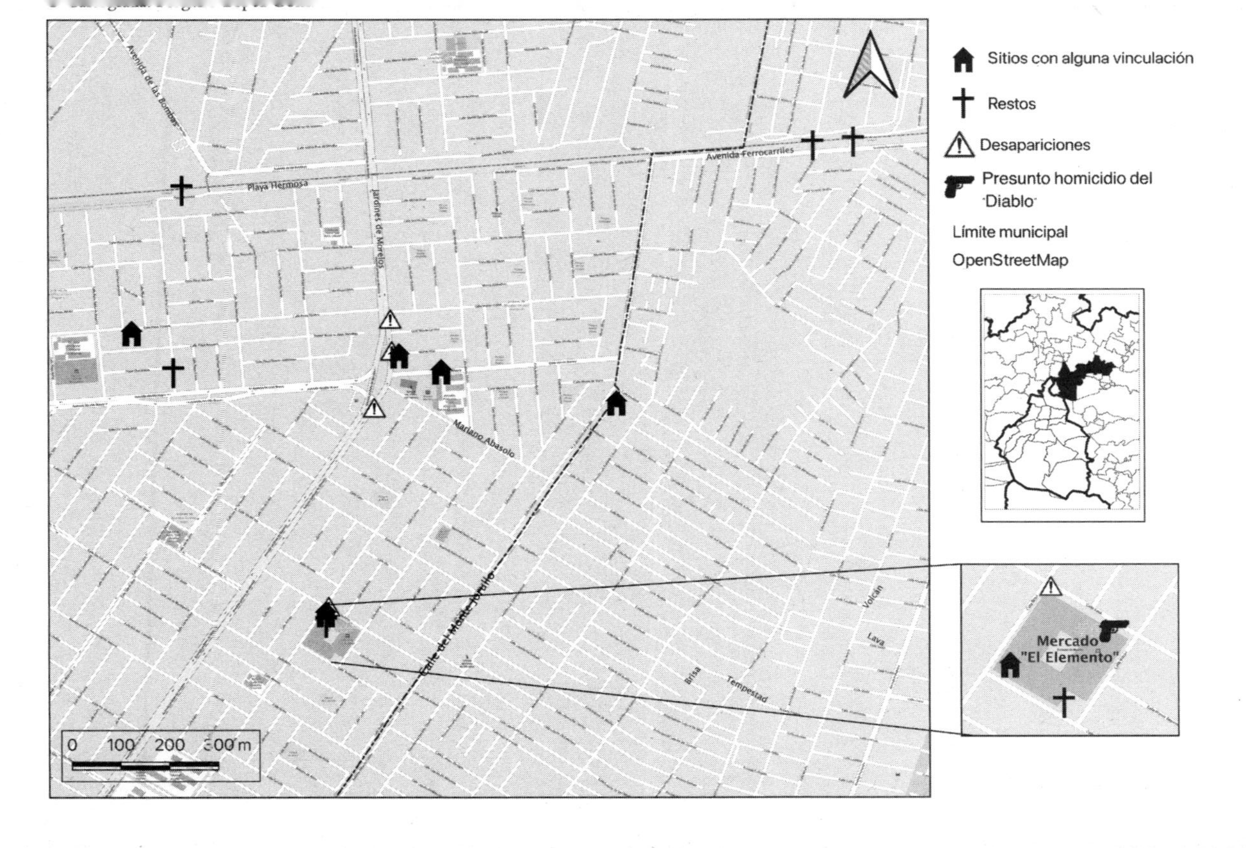
Sitios con alguna vinculación
Restos
Desapariciones
Presunto homicidio del 'Diablo'
Límite municipal
OpenStreetMap
Mercado "El Elemento"
Avenida Ferrocarriles
Jardines de Morelos
Playa Hermosa
Avenida de las Bombas
Mariano Abasolo
Calle del Monte Jorullo
Volcán
Lava
Tempestad
Brisa
0 100 200 300 m

FUENTES

Entrevistas y declaraciones

"Mariana", amiga de Diana Angélica Castañeda Fuentes, 14 de noviembre de 2016.

Alejandro Melgoza, periodista que ha documentado la vida de los jóvenes en Los Héroes Tecámac, 9 de abril de 2018.

Angélica Martínez Santos, madre de Andrea Michael Dávila Martínez, 10 de mayo de 2015.

Anónima, amiga de Bianca, 5 de abril de 2018.

Anónimo, amigo de los Polonios, septiembre de 2015.

Araceli González, madre de Luz del Carmen, mayo de 2012, septiembre de 2015, junio de 2015 y marzo de 2018.

Baldomero Mendoza, abogado del *Mili*, abril de 2018.

Carlos Mata, abogado defensor de David Jaramillo, agosto de 2015.

Conversaciones con madres de desaparecidos que fueron vinculados al caso por declaraciones de los adolescentes detenidos, abril de 2018.

Conversaciones informales con agentes que estuvieron vinculados al caso, noviembre de 2013, agosto de 2015 y marzo y abril de 2018.

Guadalupe Reyes, madre de Mariana Elizabeth Yáñez Reyes, 12 de mayo de 2015 y 27 de febrero de 2017.

Irish Cedillo, madre de Bianca Edith Barrón Cedillo, 23 de mayo de 2015 y posteriores.

María Eugenia Fuentes Muñiz, madre de Diana Angélica Castañeda Fuentes, septiembre de 2014 y 13 de marzo de 2017.

Octavio Martínez Vargas, exdiputado local por Ecatepec, octubre de 2017.

Silvia Federici, escritora, profesora y activista feminista ítalo-estadounidense, mayo de 2015.

Teresa Navarro, madre de Yenifer Velázquez Navarro, 28 de junio de 2013.

Tilemy Santiago, criminólogo y antropólogo, mayo de 2018.

Consultas y fuentes selectivas

Balderas, Óscar, "Un 'mili' en las filas de la trata", *El Universal* [en línea], 10 de junio de 2014. Disponible en <http://archivo.eluniversal.com.mx/ciudad-metropoli/2014/impreso/un-8216mili-8217-en-las-filas-de-la-trata-123893.html>.

Congreso de la Unión, Cámara de Diputados, LIX Legislatura, *Violencia feminicida en el Estado de México*, Comisión Especial para Conocer y Dar Seguimiento a las Investigaciones Relacionadas con los Feminicidios en la República Mexicana y a la Procuración de Justicia Vinculada, México, 2006. Disponible en <http://cedoc.inmujeres.gob.mx/lgamvlv/CAMARA/ edomex.pdf>.

Dávila, Israel, "Después de 800 asesinadas, Edomex pide alerta de género", *La Jornada* [en línea], 10 de julio de 2015. Disponible en <http://www.jornada.unam.mx/2015/07/10/estados/035n1est>.

Dávila, Israel, "Estado de México, primer lugar de feminicidios en el país", *La Jornada* [en línea], 26 de abril de 2006. Disponible en <http://www.jornada.unam.mx/2006/04/27/index.php?section=estados&article=046n1est>.

Gutiérrez Contreras, Juan Carlos (coord.), *Violencia contra las mujeres en el Estado de México. Informe del impacto psicosocial del feminicidio de Nadia Alejandra Muciño Márquez*, CMDPDH, México, 2012. Disponible en <http://cmdpdh.org/publicaciones-pdf/cmdpdh-violencia-contra-las-mujeres-en-el-estado-de-mexico.pdf>.

López Sosa, Allan, "Desaparece tras ir a café internet", *El Universal* [en línea], 3 de enero de 2013. Disponible en <http://www.eluniversaledomex.mx/otros/nota34744.html>.

M. Estrada, Andrés, Juan Carlos Ferra, Alejandro Juárez y Alejandro Melgoza, "Erick San Juan Palafox, el militar feminicida", *Variopinto*, núm. 40, México, noviembre de 2015.

Najar, Alberto, y Jean Paullier, "Ecatepec: cómo es vivir en el peor lugar para ser mujer de todo México", *BBC* [en línea], 21 de septiembre de 2015. Disponible en <http://www.bbc.com/mundo/noticias/2015/09/150831_mexico_feminicidios_ecatepec_violencia_mujeres_jp>.

Nieto, Antonio, "Mátenlo, mátenlo como a cucaracha", *La Policiaca* [en línea], 14 de marzo de 2013. Disponible en <https://www.lapoliciaca.com/nota-roja/matenlo-matenlo-como-a-cucaracha/>.

Notimex, "Investigan el intento de linchamiento de un presunto secuestrador en Ecatepec", *20 Minutos* [en línea], 14 de marzo de 2013. Disponible en <http://www.20minutos.com.mx/noticia/2938/0/investigacion-linchamiento/secuestrador/ecatepec-chiconautla/>.

Padgett, Humberto, y Shaila Rosagel, "Edomex niega cuerpos en Ecatepec y diputado responde: tengo audios donde aceptan", *Sin Embargo* [en línea], 13 de octubre de 2014. Disponible en <http://www.sinembargo.mx/13-10-2014/1141967>.

Sánchez, Mayela, "Miles de familias defraudadas por inmobiliarias en Valle de México", *Contralínea* [en línea], 3 de enero de 2012. Disponible en <http://www.contralinea.com.mx/archivo-revista/2012/01/03/miles-de-familias-defraudadas-por-inmobiliarias-en-valle-de-mexico/>.

Villa Ecatepec-TV, "Expone audios en conferencia el diputado Octavio Martínez sobre desaparecidas en Ecatepec" [archivo de video]. Recuperado de <https://www.youtube.com/watch?time_continue=486&v=aIdcAxJk0SU>.

La fosa de agua de Lydiette Carrión
se terminó de imprimir en el mes de noviembre de 2023
en los talleres de Diversidad Gráfica S.A. de C.V.
Privada de Av. 11 #1 Col. El Vergel, Iztapalapa,
C.P. 09880, Ciudad de México.